AF387476

Michael Wolfgang Salb

Der Hammer
mit Humor

eine Hammer-Art-ige Widmung
für ein uraltes Werkzeug

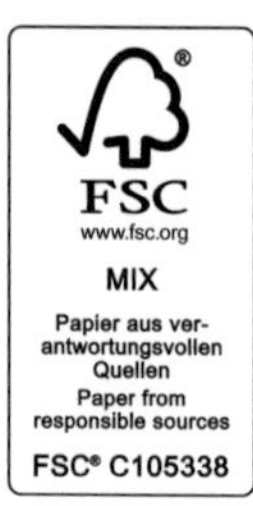

Impressum

Bibliografische Information der Deutschen Nationalbibliothek:

Die Deutsche Nationalbibliothek verzeichnet diese Publikation in der Deutschen Nationalbibliografie; detaillierte bibliografische Daten sind im Internet über http://dnb.dnb.de abrufbar.

Text, Layout, Korrektur,
Umschlagsgestaltung und Objekte
© Michael W. SALB, Mai 2022
Herstellung und Verlag:
BoD - Books on Demand, Norderstedt

ISBN: 9783756215034 (Druckausgabe)
ISBN: 9783756286713 (e-book)

Kontakt:
freiheit@lichterleuchtet.org
Hier können Sie dieses Buch auch bestellen oder erhalten Auskunft zu Ausstellung, Objekterwerb und Objekt-Plakaten

„So ist der Hammer eigentlich weniger ein einfaches oder gar primitives Werkzeug, sondern vielmehr ein Grundpfeiler der heutigen Menschheit und unserer Zivilisation.“

Theo Schrauben

Inhalt

Einführung

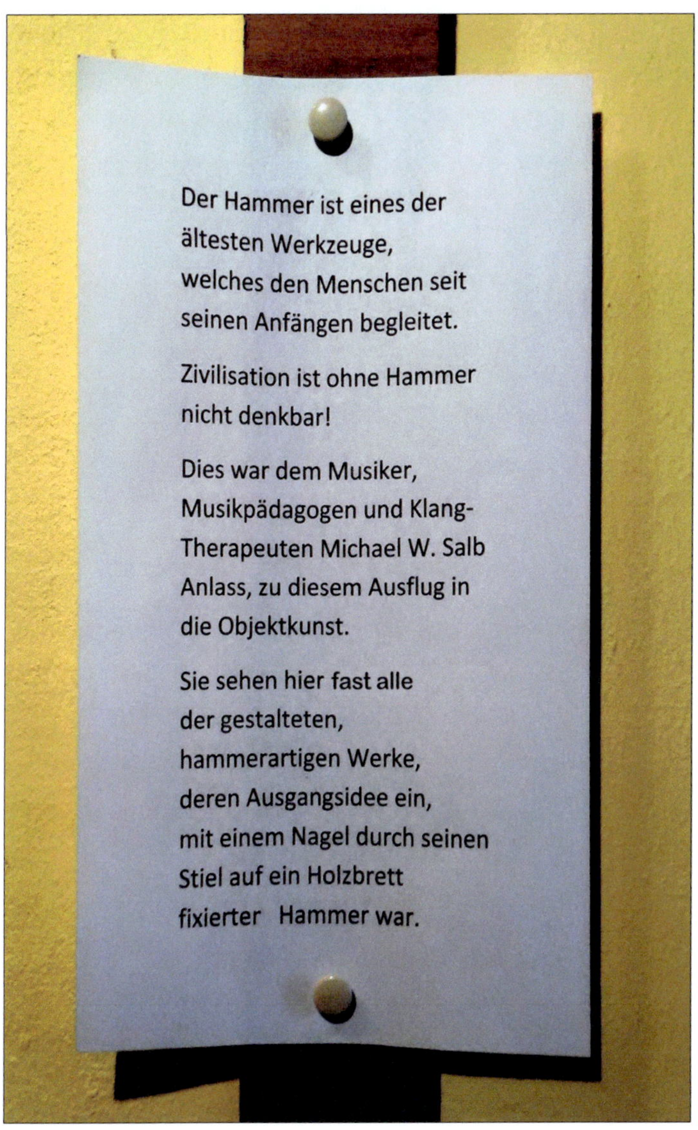

Der Hammer ist eines der
ältesten Werkzeuge,
welches den Menschen seit
seinen Anfängen begleitet.

Zivilisation ist ohne Hammer
nicht denkbar!

Dies war dem Musiker,
Musikpädagogen und Klang-
Therapeuten Michael W. Salb
Anlass, zu diesem Ausflug in
die Objektkunst.

Sie sehen hier fast alle
der gestalteten,
hammerartigen Werke,
deren Ausgangsidee ein,
mit einem Nagel durch seinen
Stiel auf ein Holzbrett
fixierter Hammer war.

„Es war der Hammer!"

Ein millionen Jahre altes Werkzeug, inclusive Faustkeil ohne Stiel, das den Menschen seit seinen Anfängen begleitet. Der Stiel kam vor ca. 25.000 Jahren dazu. Ohne dieses Werkzeug hätte keine menschliche Zivilisation oder gar Evolution stattgefunden.

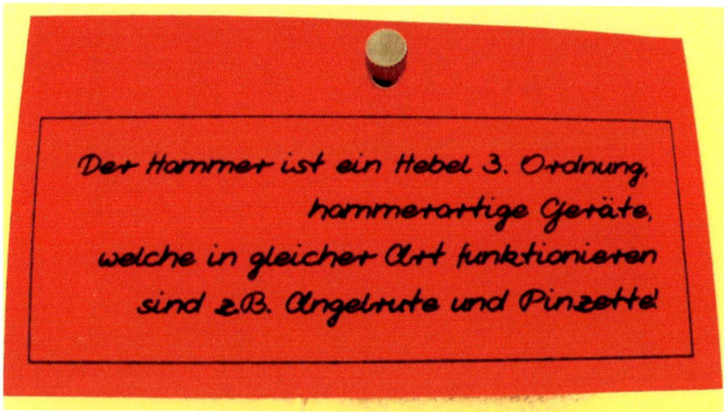

Das Wirkungsprinzip des Hammers, das Hebelgesetz, ist so alt wie die Schwerkraft.

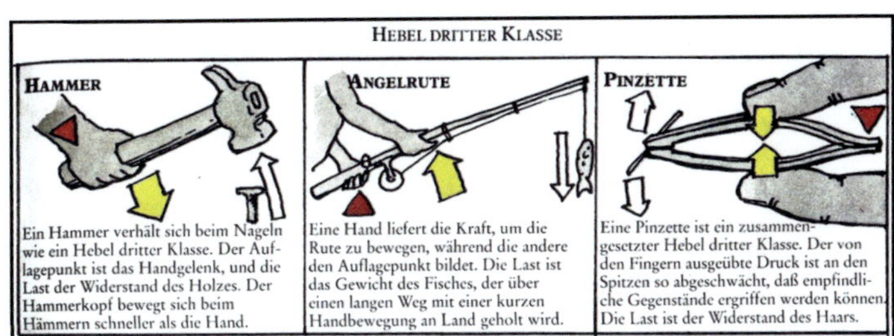

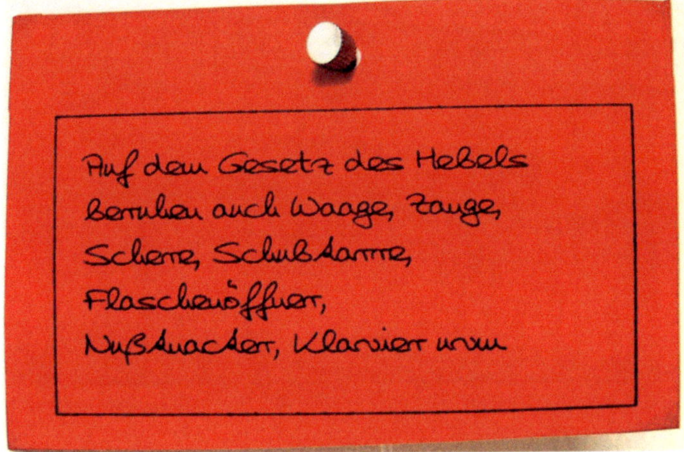

Wikipedia:
„Ein *Hammer* ist ein händisch oder maschinell angetriebenes Werkzeug, das unter Nutzung seiner beschleunigten Masse (meist) schwere Schläge auf Körper ausübt.“

Menschengemachtes, ob Künstlerisches oder
Nützliches, ob Wertvolles oder Banales,
ein irgendwie gearteter Hammer,
es gibt mehr als 100 verschiedene Arten,
ist fast immer in der Produktionskette zu finden.

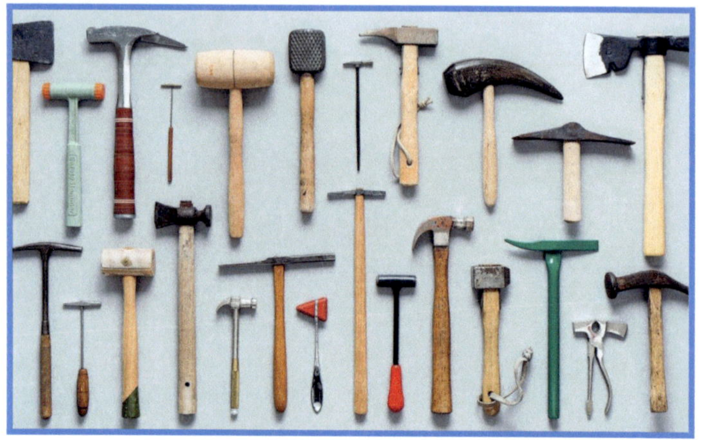

Bild: Hans Jansen, Schreinerzeitung

In der hier vorliegenden „Würdigung" mit Humor
wird der Hammer selbst zum Kunstwerk.
Mit Hammer-art ist neben Op-art , Pop-art,
modern-art, Concept-art oder Land-art
ein neuer Kunststil entstanden ☺.

Hammer, artig?

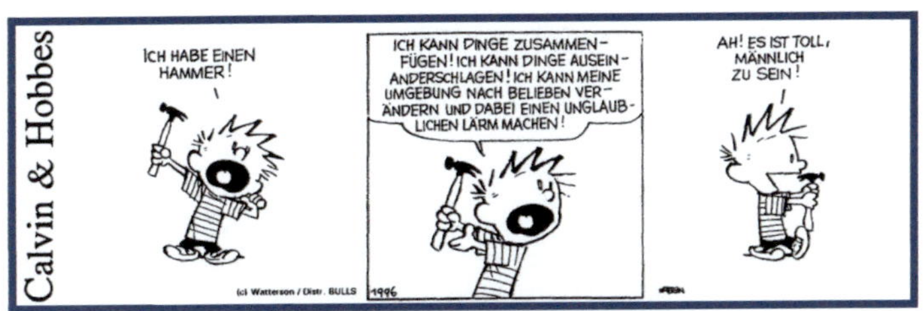

"Weißte was der
Hammer ist?"

"Ne?"

"Ein Holzstab mit nem Stück
Eisen an einem Ende"

„Wer nur einen Hammer hat,
für den sieht jedes Problem wie ein Nagel aus!"

Alle Kunstkenner
– und mögen sie noch so kritisch sein –
sind sich einig!
Sie kommen nicht umhin festzustellen:
„Das ist der Hammer!"

Plakat der ersten „Au"-Stellung

Hammer-art

Am Anfang dieser Objekte stand die schnörkellose
Realisierung einer einfachen, irgendwie kuriosen Idee:

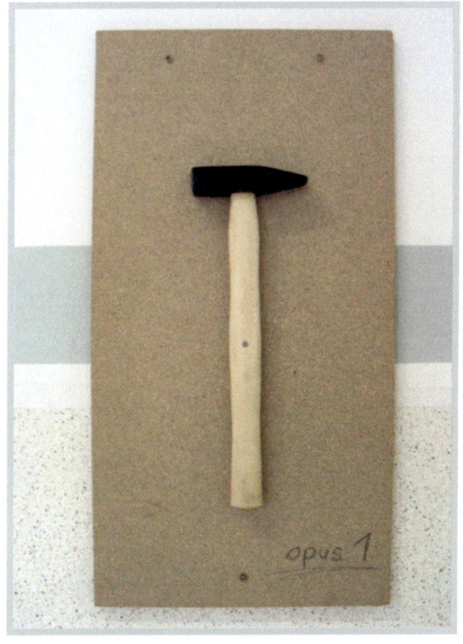

Ein Hammer, auf einer Holzplatte fixiert!
Zur Untätigkeit verdonnert, durch den Vorgang,
für den er eigentlich selbst zuständig wäre.
Man ahnt die Aktivität eines zweiten Hammers,
der hier am Werk war, aber nicht in Erscheinung tritt.

Psychologie und Kunstkennerschaft haben auf Anfrage
sicher vielfältige Erklärungen bereit.

Diesem „opus 1" folgt eine Flut von Gedanken: komisch, skurril, absurd, witzig, ernst, idiotisch, humorvoll, traurig, unmöglich, herzlich u.v.m.. Diese Holzhammermethode kam nicht zum Einsatz:

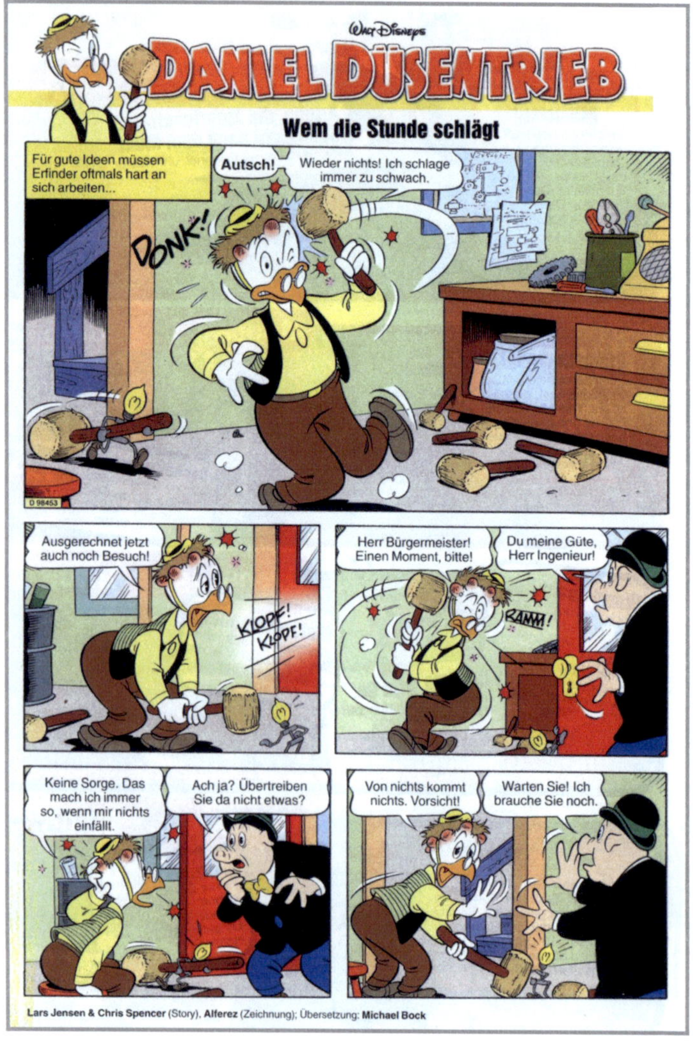

Machen Sie sich - gemäß der offenkundigen Aussage
des folgenden DouG-Comics - zu „opus-1"
Ihre ganz persönlichen Gedanken.

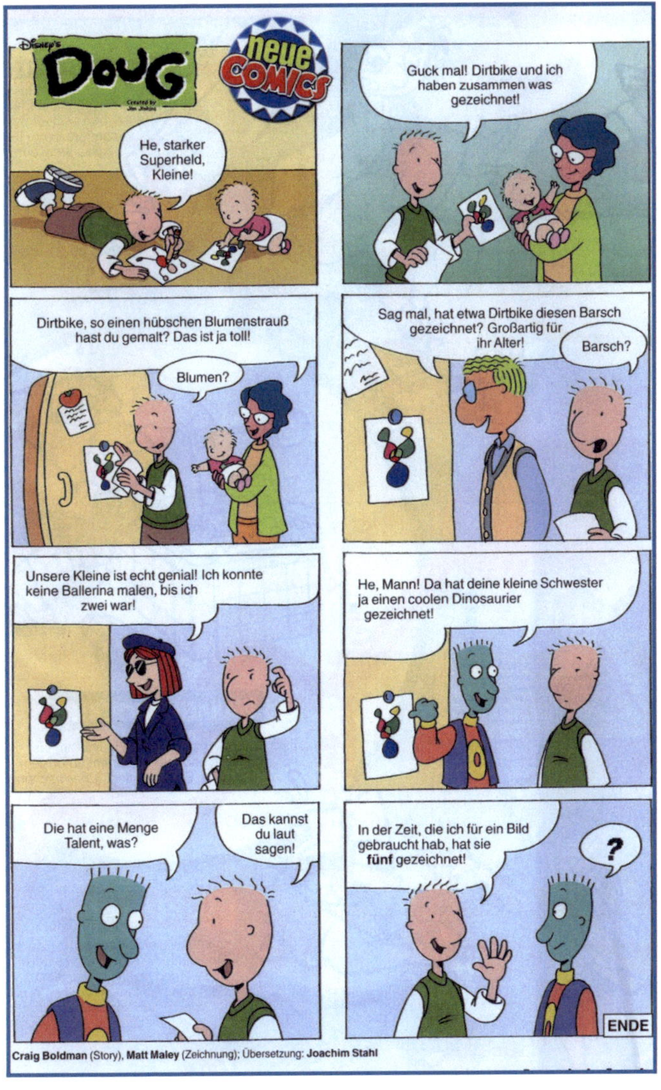

Immer das gleiche...

...Bild und immer ein anderer „Titel"!

Dies war die ursprüngliche Idee der blau hinterlegten
Hammer-Objekte: Ein Saal mit einer Fülle gleicher
Exponate und jedes mit einem anderen Titel!
Die Dokumentation eines der elementarsten Aspekte
von Kunst: ihre vielseitige Deutung.
Hier darf aber auch darauf hingewiesen werden,
dass jeder Titel - auch die hier gegebenen
Kurzkommentare - wiederum vieldeutig ist.

Johann Wolfgang von Goethe sagte in anderem
Zusammenhang: „Wär nicht das Auge sonnenhaft,
die Sonne könnt es nicht erblicken."

Wir sehen nur, was in unserem „Auge" bildhaft
und in unserem Denken gedanklich angelegt ist.
Im Grunde sind alle meine Wahrnehmungen direkte
Selbsterfahrung, die mich zu Selbsterkenntnis führen,
wenn ich entsprechend aufnahmebereit bin.

Ein wesentliches Merkmal von Kunst jeglicher Art ist
schlicht Ausdruck. Ein Kunstwerk ist immer eine
Mitteilung, die bei jedem Menschen nur so ankommt,
wie er wahrnehmen kann. Ein Schreiner sieht im Baum
Anderes als eine Biologin. Eine Heilkundige sieht im
Löwenzahn nicht dasselbe wie der Grünrasen-Fan.

Die hier versammelten Werke haben, wie gesagt, einen Prototyp:
Den mit einem Nagel auf einem Holzbrett fixierten Hammer. Das ist alles.

Und das ist bereits so viel, wie es Deutungen durch Betrachtende dieses Sachverhaltes gibt.

Die bunten Objekte sind Variationen, spielerische Erweiterung im Umgang mit dem Prototyp.

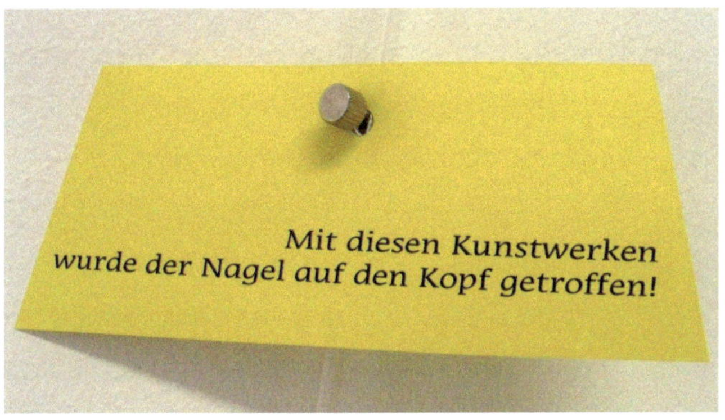

Also Nägel mit Köpfchen gemacht?
Nagel und Hammer zum Kunstobjekt gemacht.

„Den Nagel
auf den Kopf getroffen"

Bei allen, die diese Objekte betrachten, werden
unterschiedliche Assoziationen und Gedanken
ausgelöst. Alle sehen nur sich selbst. Einigen kommen
vielleicht Tränen aus irgendeiner Betroffenheit, andere
müssen herzhaft lachen, wieder andere schütteln nur
verständnislos den Kopf.

Ich, der Autor und Objektgestalter, habe all dieses
selbst erlebt und fand es ausgesprochen interessant,
diese Vielfalt wahrzunehmen.
Es war meine persönliche Vielfalt.

Hiermit darf ich Sie herzlich einladen, alle Abbildungen
in diesem Buch offen zu betrachten und schließlich
auch sich selbst zu beobachten und wahrzunehmen,
wie und auf was Sie reagieren und was Ihnen zu den
diversen Titeln und Objekten einfällt. Damit können
Sie sich vielleicht ein Seminar zur Selbstfindung sparen.

Ein erster Eindruck, das erste Foto: „4 aus 30"

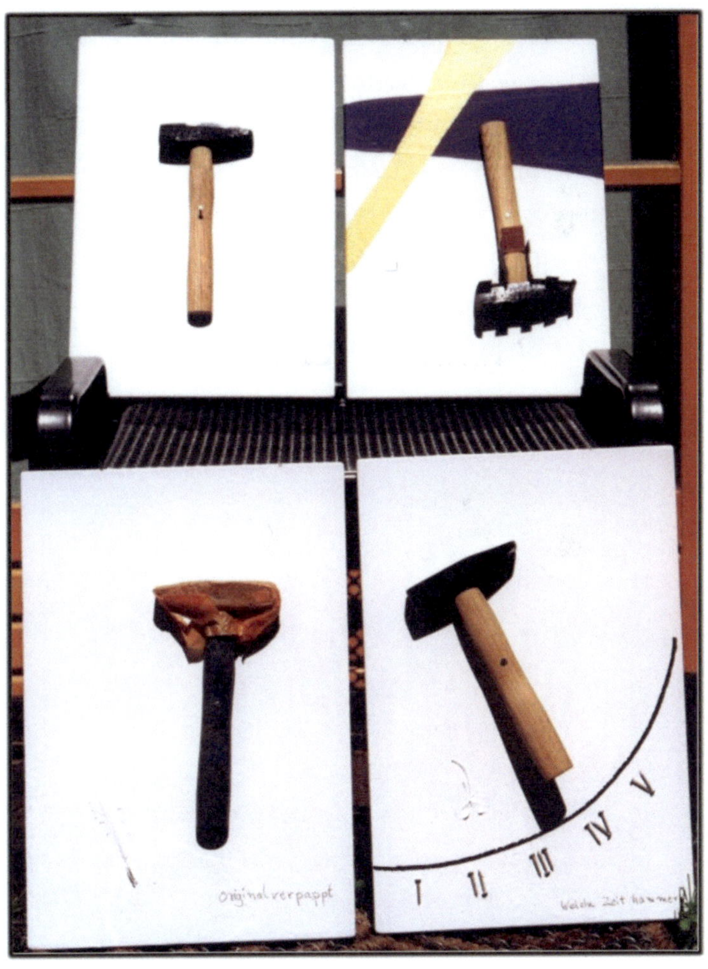

„Der Hammer
liegt im Werkzeugkasten"

In Ausstellungen, natürlich mit Musik auf einem Hammerklavier und einem mit Hammer zu spielenden Balkenxylophon, einem selbst entworfenen „Hammerphon" (s.u.) und Nagelrasseln war immer auch ein Vorschlag-Hammer aufgestellt, wo Besucher ihre Vorschläge für neue Titel, Eindrücke oder Gestaltungen vorschlagen konnten.
Diese warten im „Werkzeugkasten" auf Realisierung.

Weil kein Hammer mehr im Werkzeugkasten lag.

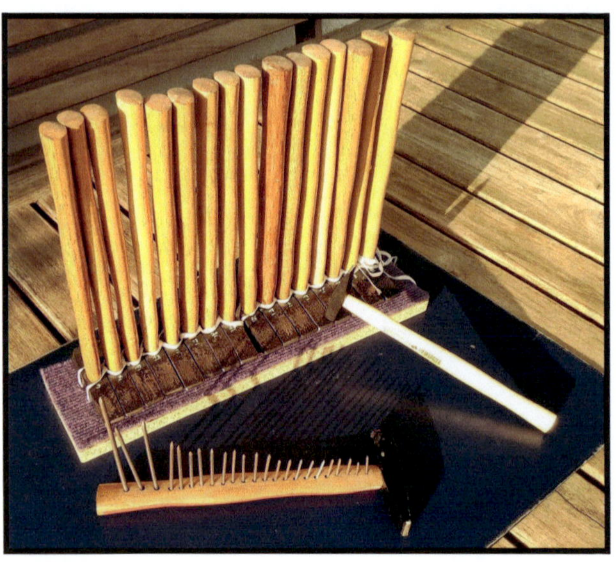

Bei der ersten öffentlichen Präsentation der
hammerartigen Hammer-Art-Objekte
war folgende Warnung zu lesen:

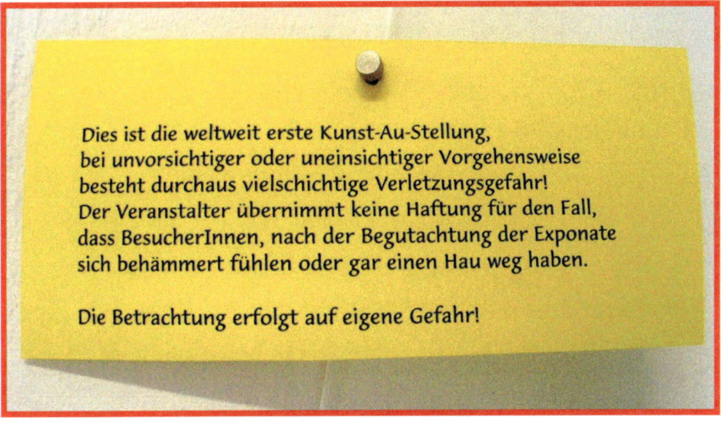

Dieser Hinweis sei auch hier vorangestellt,
wenngleich beim Lesen und Betrachten der Bilder
mögliche Gefahren sicher deutlich eingeschränkt sind.

„Bitte gib mir mal den Hammer"

Nach „opus 1" folgte der Einkauf von 50 Hämmern
in einem kleinen Werkzeugladen.
Der Händler war etwas irritiert, vor allem, weil ich auch
noch nach der Optik des Hammerstieles fragte.
Hier outete ich mein Vorhaben und dass es dabei nicht
nur um Nutzen, sondern auch um die Optik ginge.
Dies führte zu noch größerer Irritation,
denn zur Form der Stiele konnte er, bei bestem Willen,
keine Aussage machen.
Er könne 50 Exemplare bestellen, wisse aber nicht,
wie deren Stiel geformt sei.
Aufgrund des günstigen Preises gab ich die Bestellung
auf und hatte Glück.
Der Griff war wohlgefällig geformt, er - außer bei „opus
1" – noch um einige Zentimeter gekürzt.

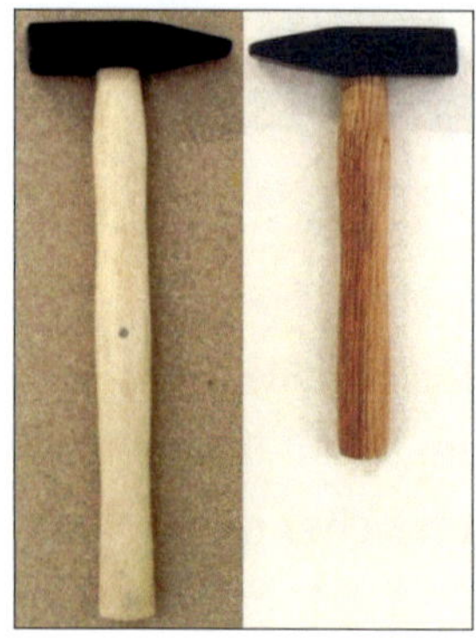

Die ölige Rostschutz-Originalverpackung wird als ein
Objekt mit blauem Stiel in der Serie aufgenommen.

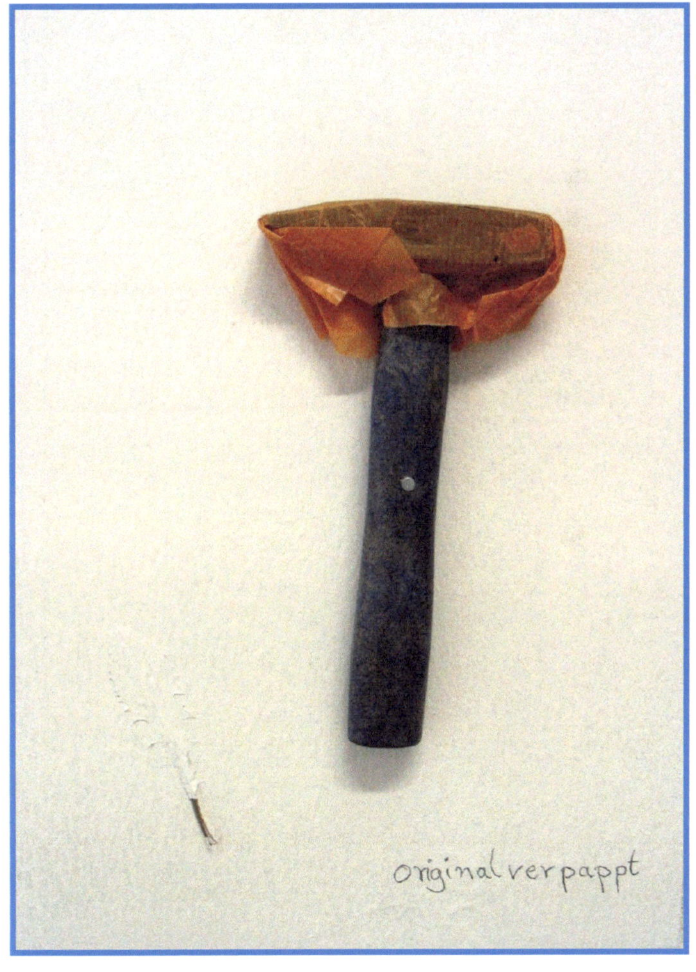

„Zeigen, wo der Hammer hängt"

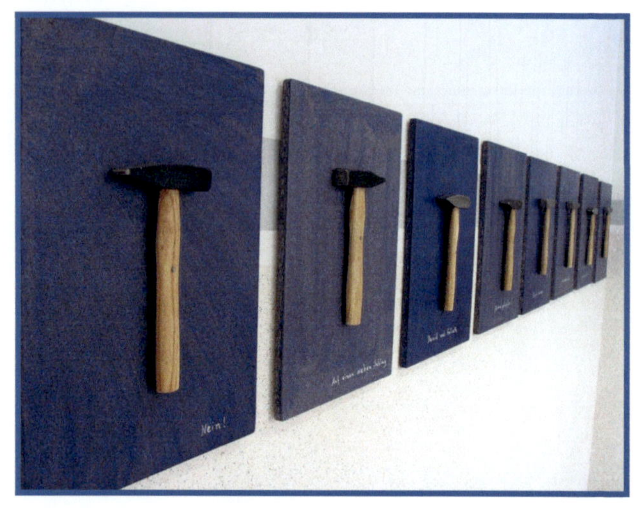

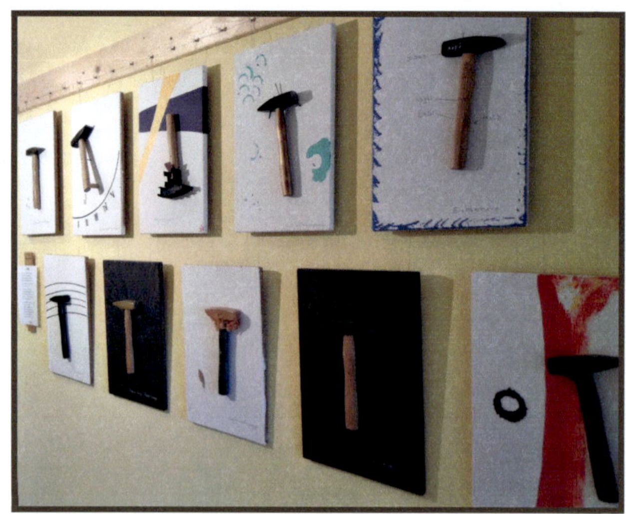

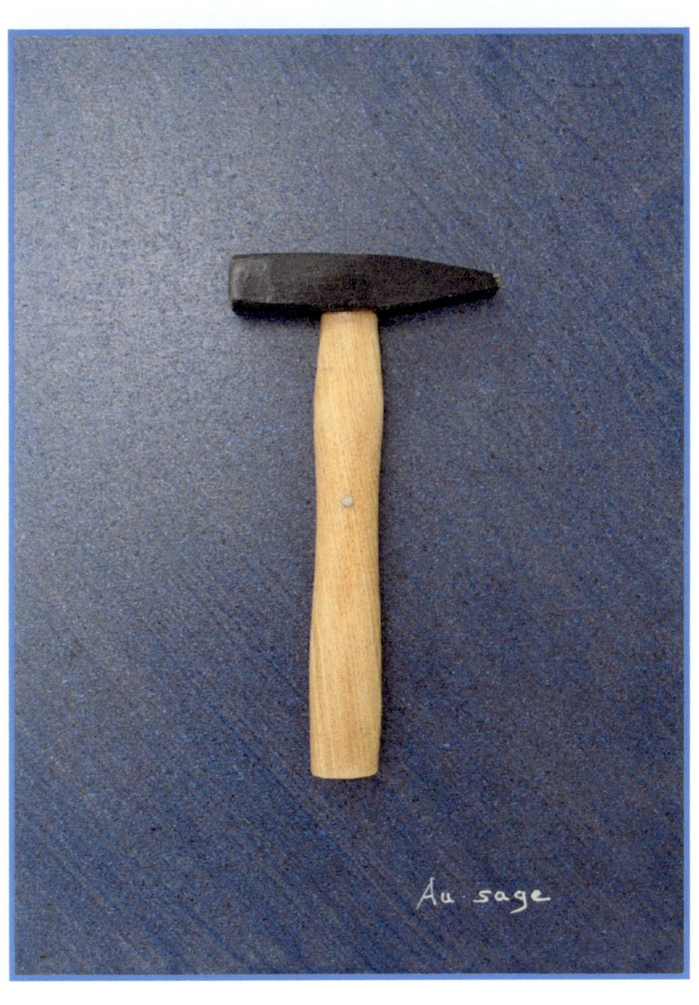

„Au, Autsch", das tut weh...
Eine der ersten Assoziationen, der erste Titel,
eine erste „Au"-sage zum Objekt.

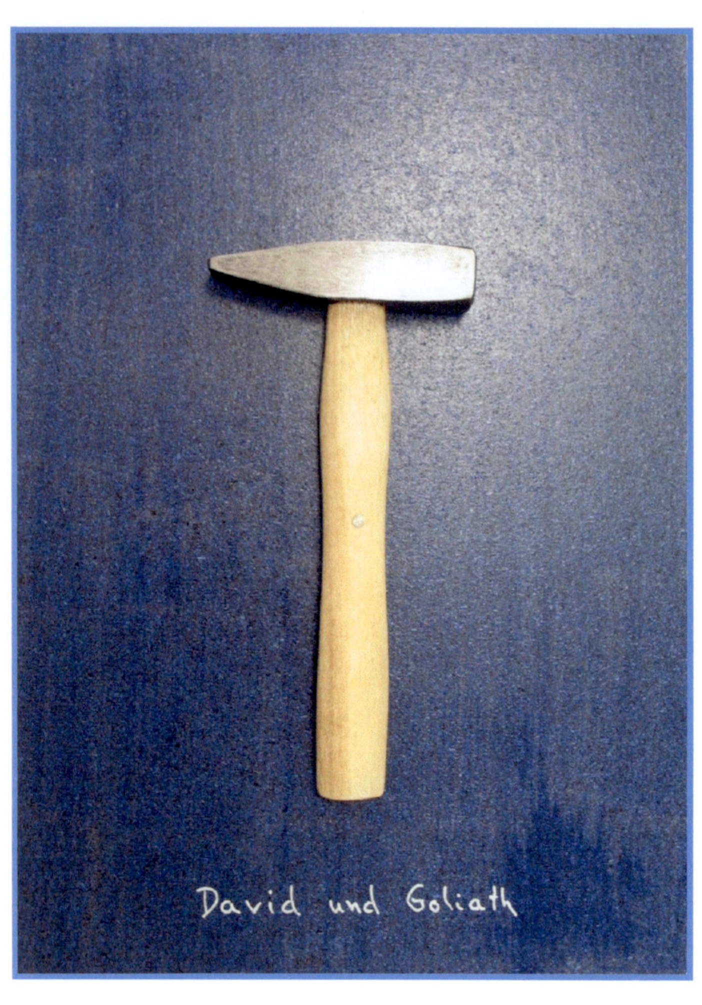

Die mögliche Überlegenheit
des „Kleinen" über „Großes"

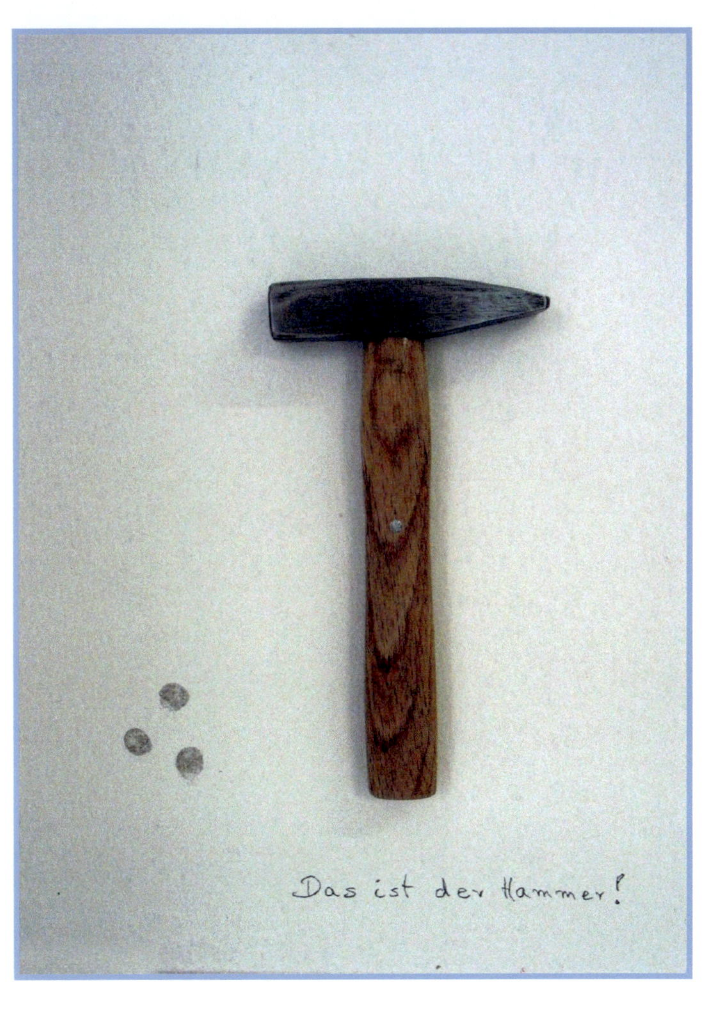

Ohne Zweifel eindeutig, oder?
Solch ein edler Holzgriff!

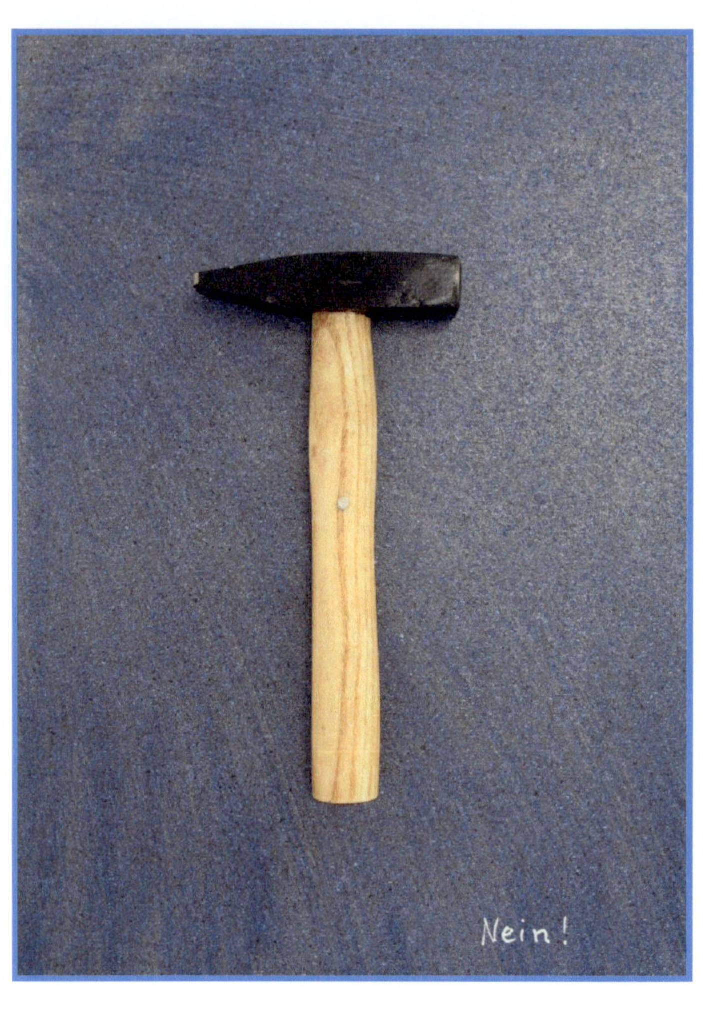

Doch, doch, tatsächlich!

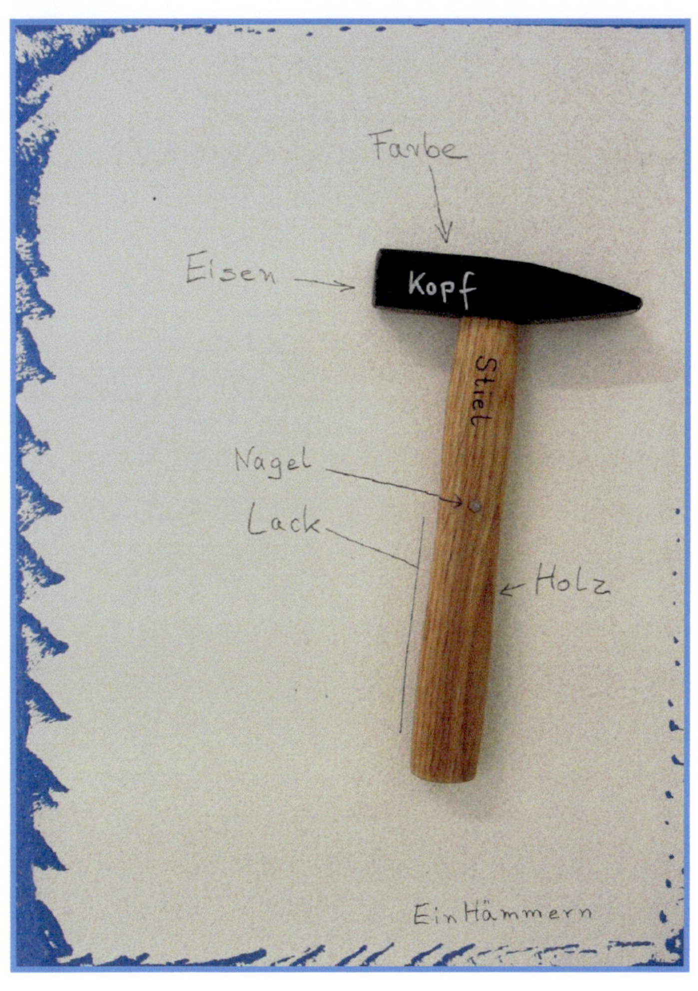

Ein Hämmern - Einhämmern

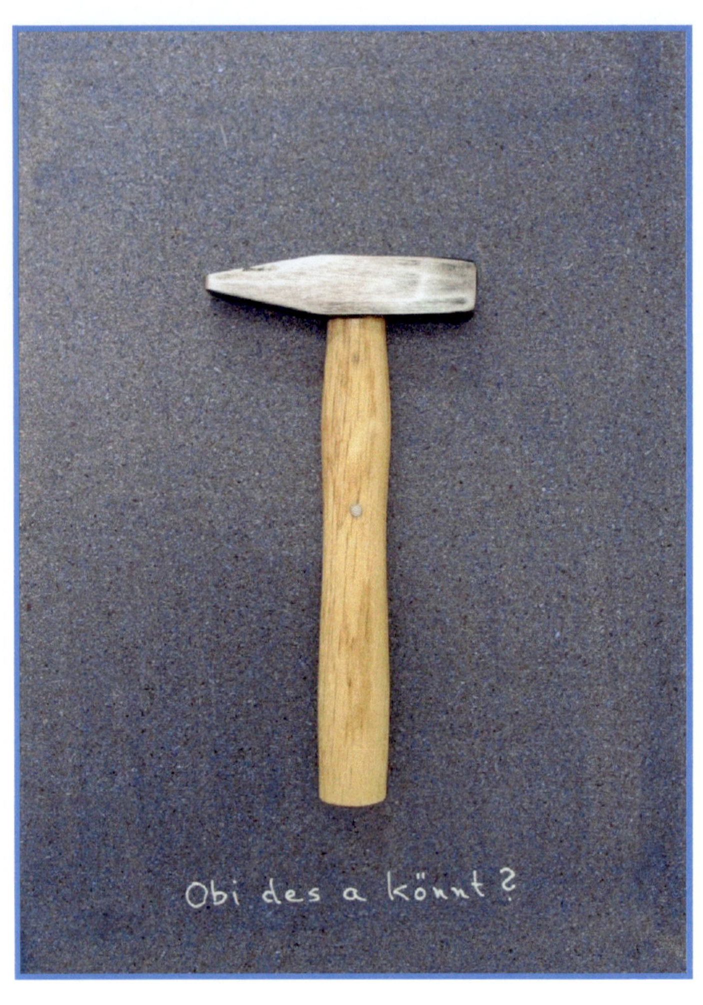

Ob ich das auch könnte?

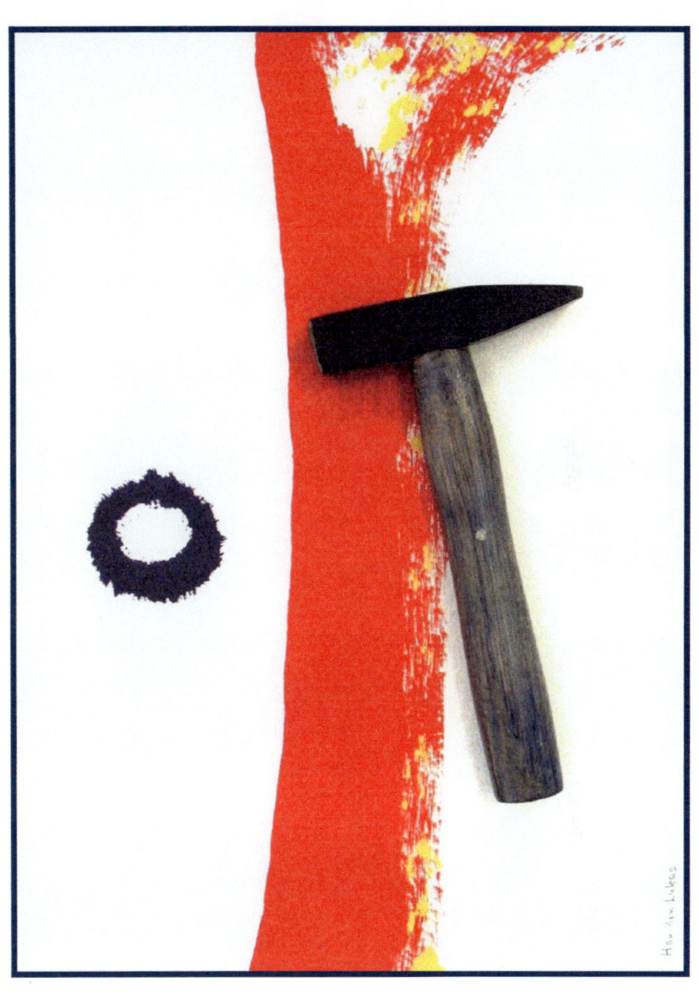

Wer haut Lukas?

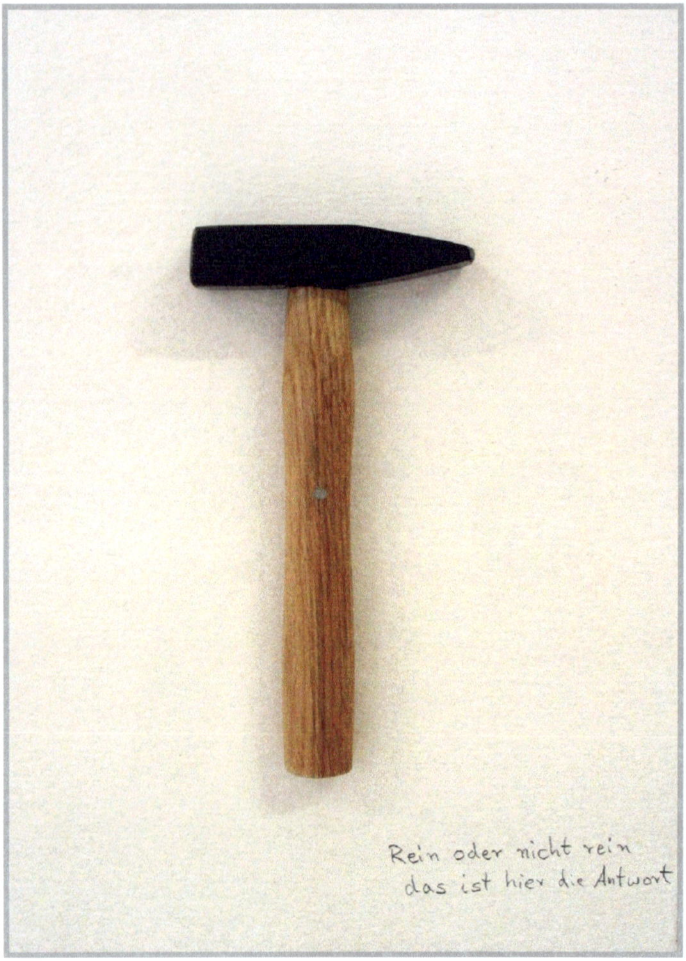

Rein oder nicht rein
das ist hier die Antwort

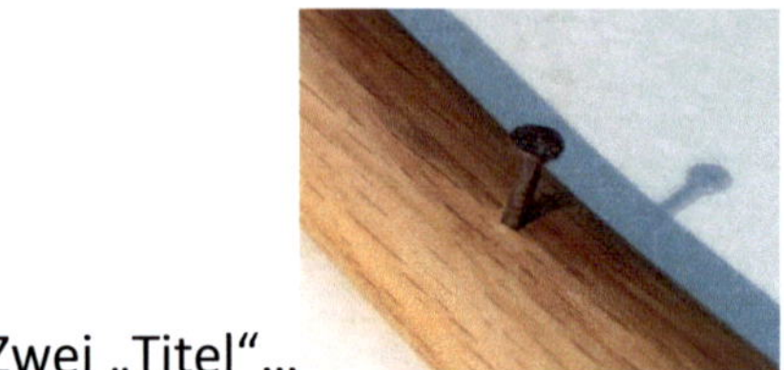

Zwei „Titel"…

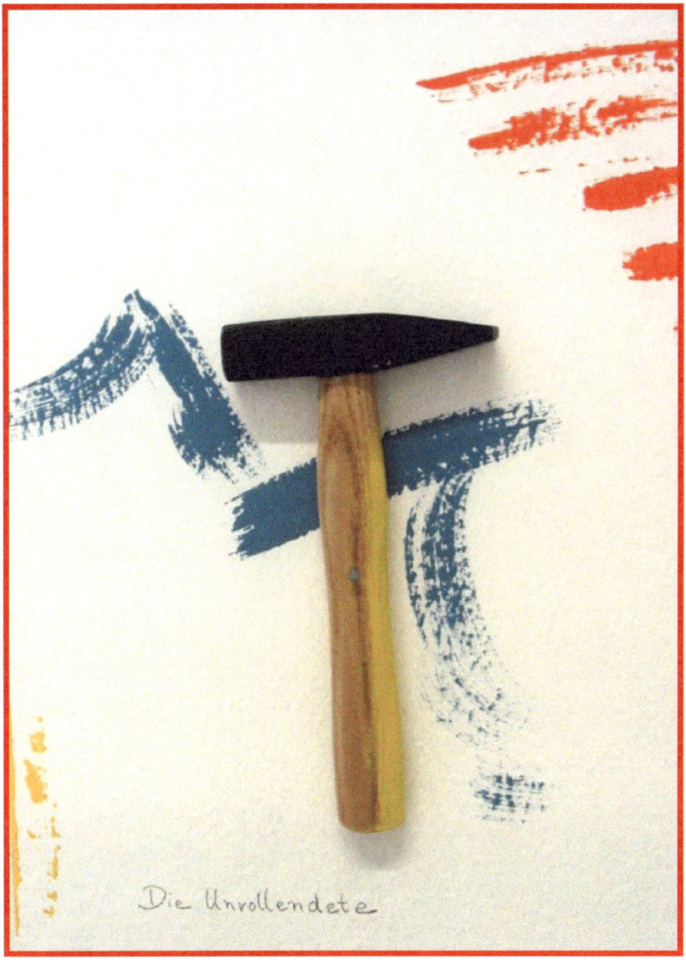

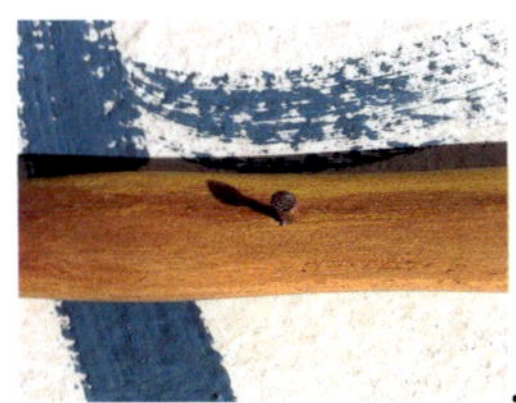

...bei gleichem Sachverhalt.

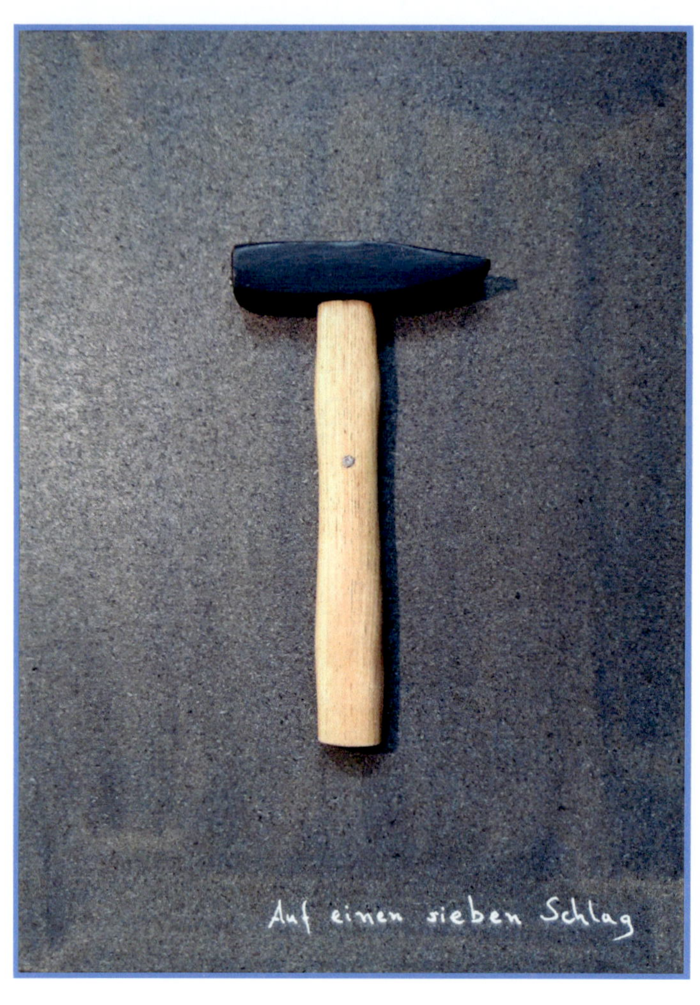

Auf einen sieben, muss genügen.

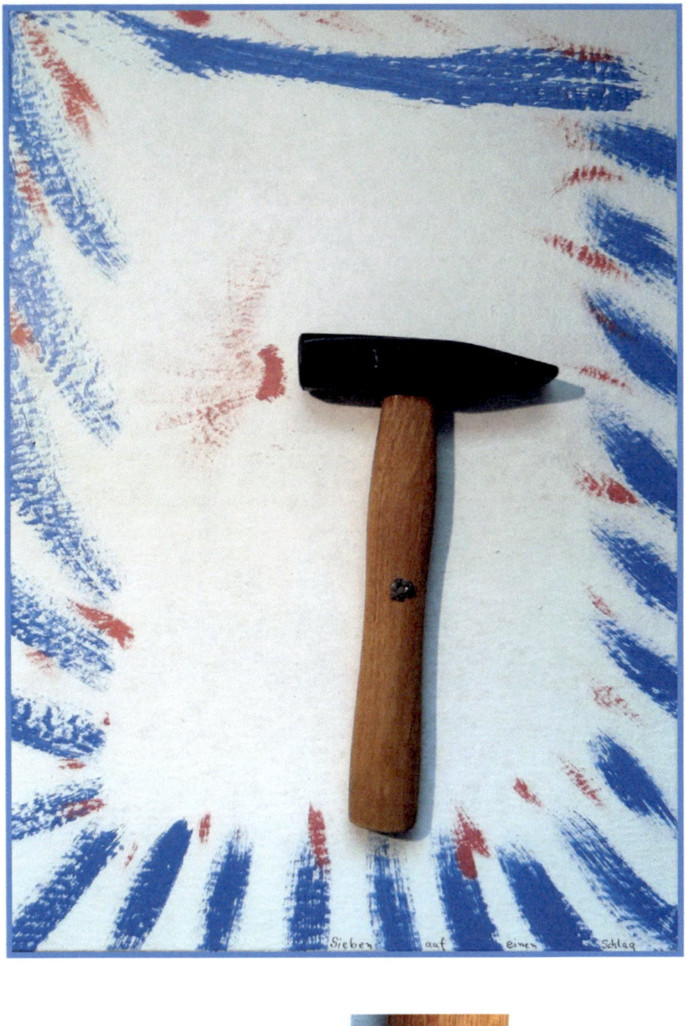

Sieben auf einen Schlag

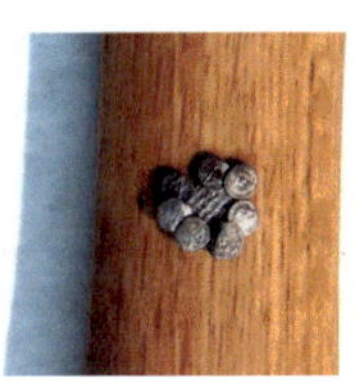

...ehrlich?

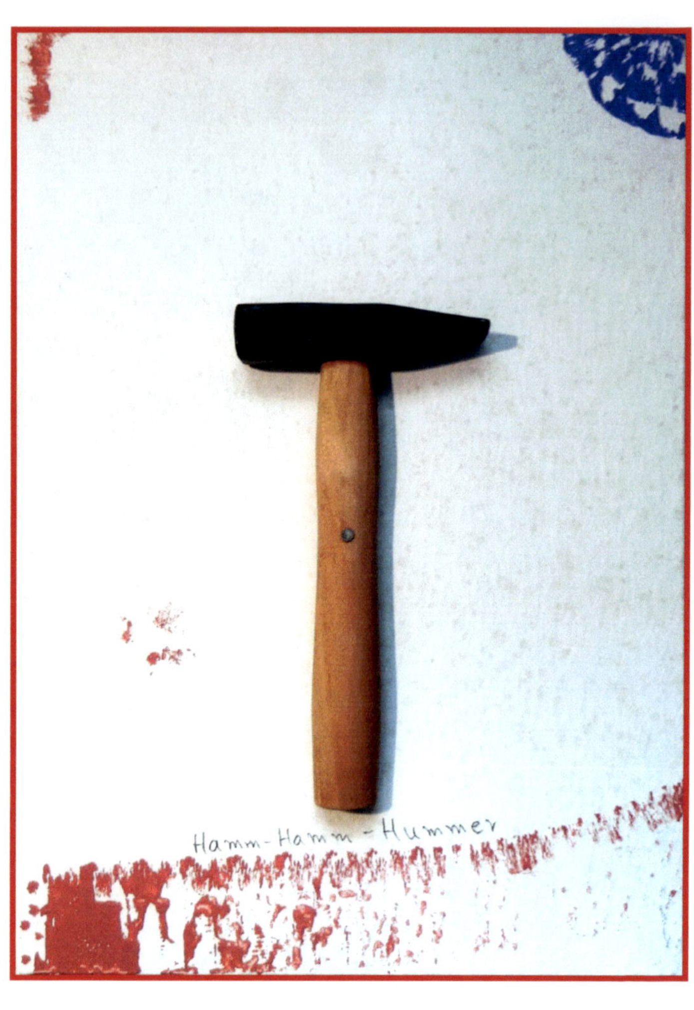

Hamm-Hamm-Hunger
Hamm-Hamm-Hummer

naja…

An dieser Stelle ein kleiner Gastauftritt:

„Hunger hamm" ist auch das Motto des folgenden
„Zähfleischmessers" des Besteckkünstlers A. Theorell
mit seinem „Fleischhammer". Dieses Exponat fand ich
„zufällig" in einer Boutique ausgestellt.
Es entstand zeitgleich mit den hier veröffentlichten
Hammer-Objekten in einem nahegelegenen Ort.

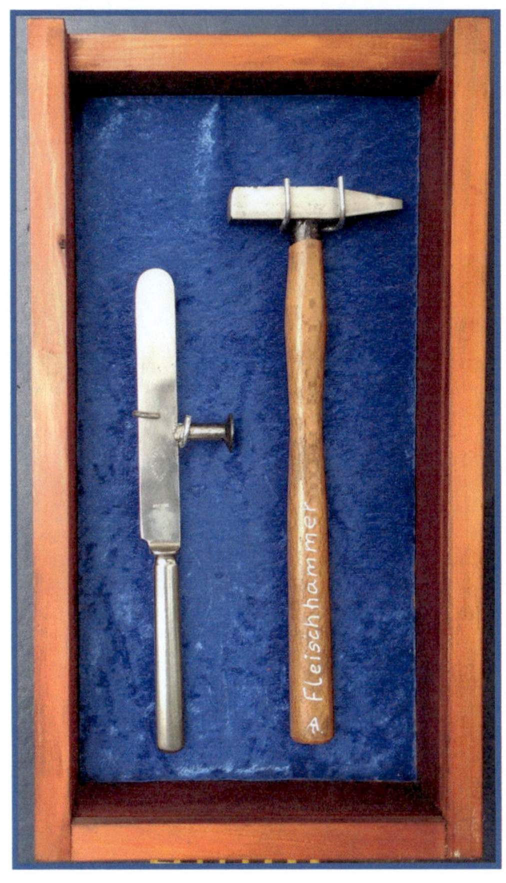

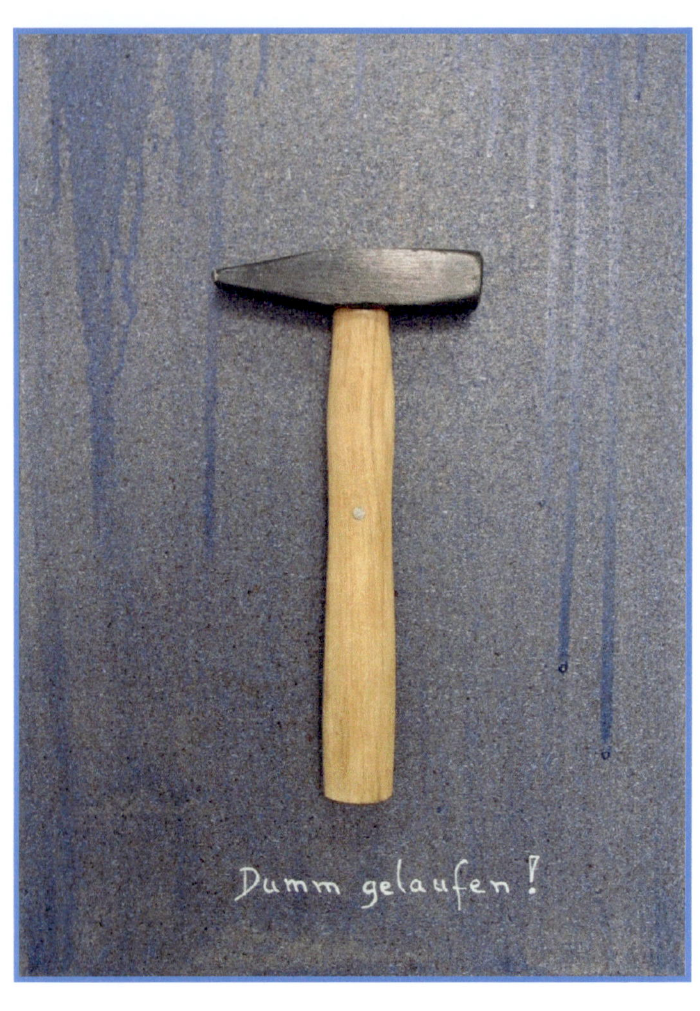

...die Farbe?
Ja, auch das Blau des Hintergrundes ist gelegentlich
hintergründig für eine Interpretation einzubeziehen.

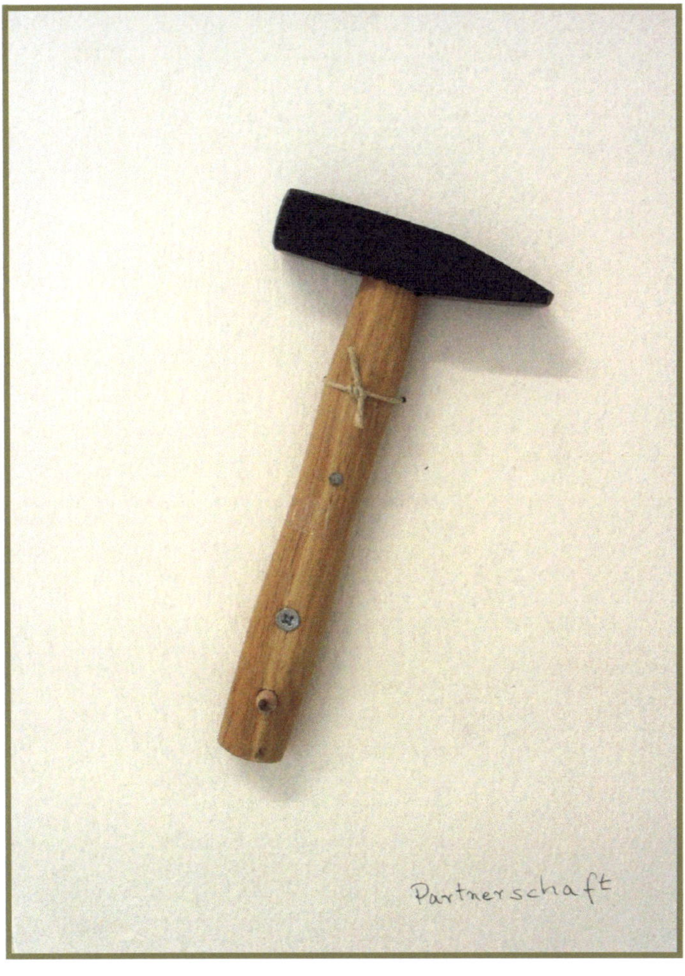

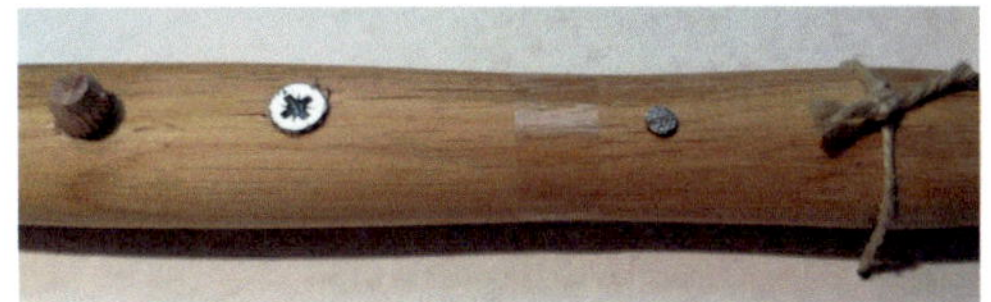

Sie sind sich einig.

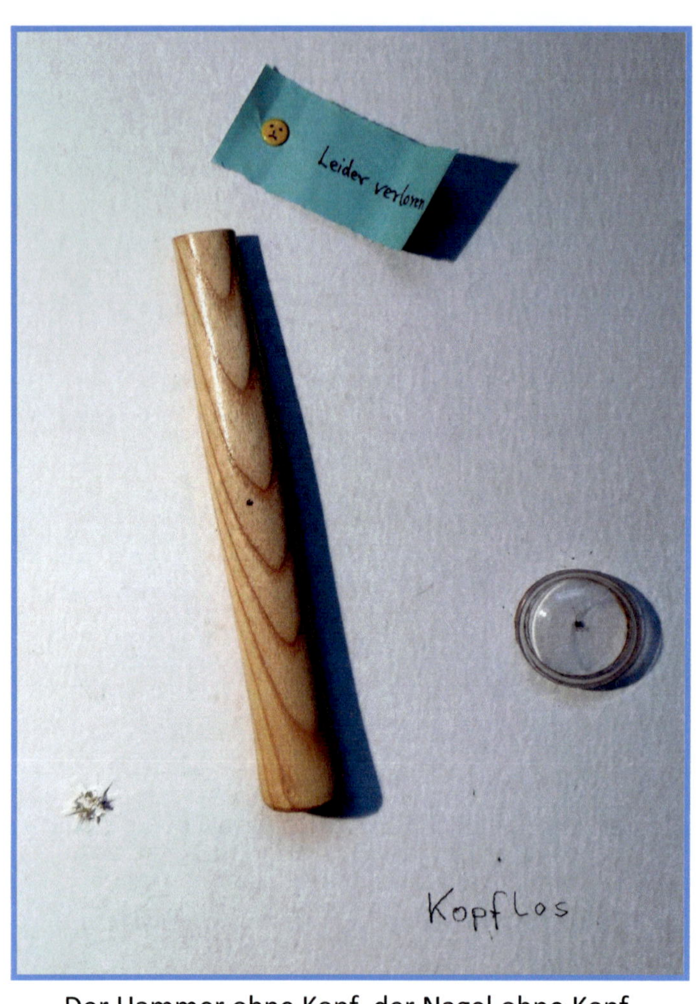

Der Hammer ohne Kopf, der Nagel ohne Kopf,
der Kopf auf dem Los.
Die Fliege, die kopflos auf der Farbe kleben blieb,
wie das Gänseblümchen, dessen Stängel kopflos
auf der Wiese steht.

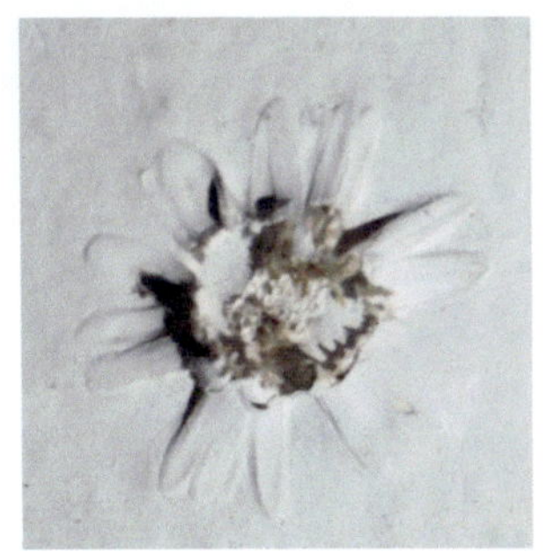
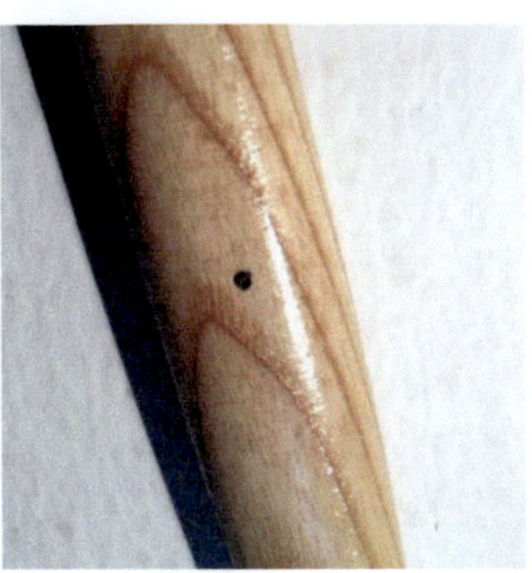
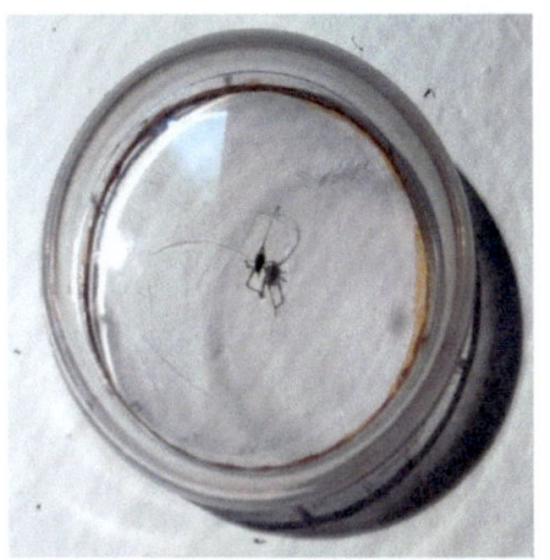
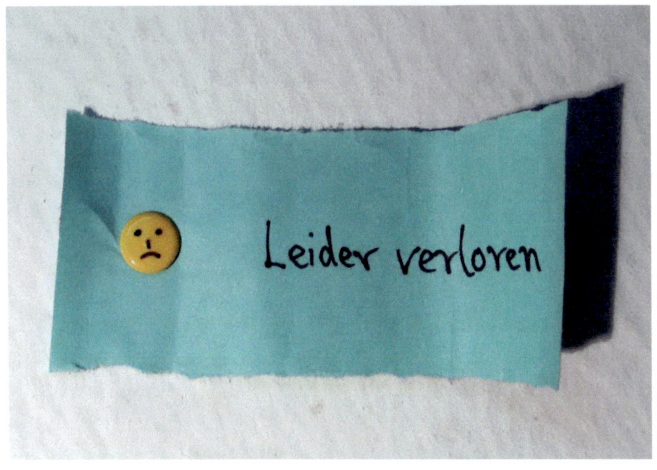

Verschiedenste „kopflose" Sachverhalte.

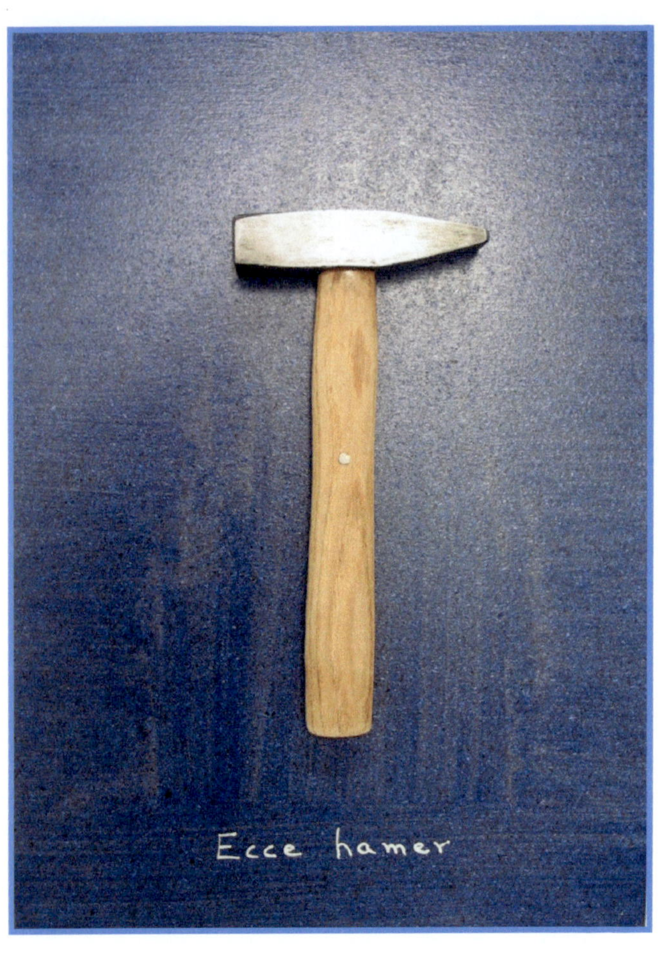

Die Vergabe dieses Titels erfolgte, als mir die
Verwendung eines Hammers bei Hinrichtungen durch
den Kopf ging und der bekannte Ausspruch von Pilatus,
als er Jesus dem Volke vorführte: „Ecce homo!"
»Seht da, welch ein Mensch!«
Ja, ein Hammer kann auch töten.

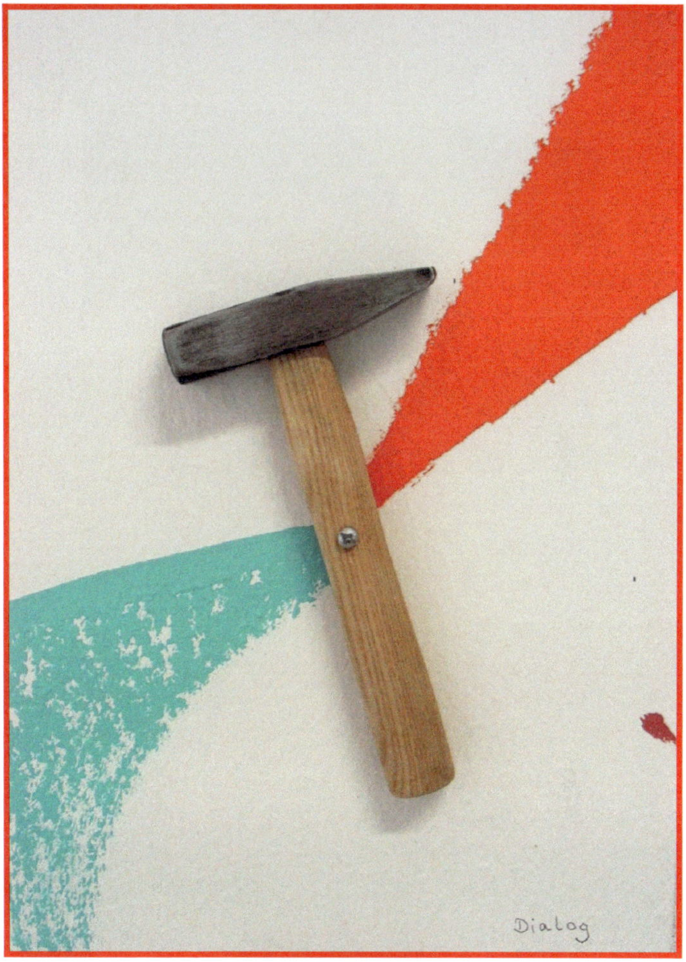

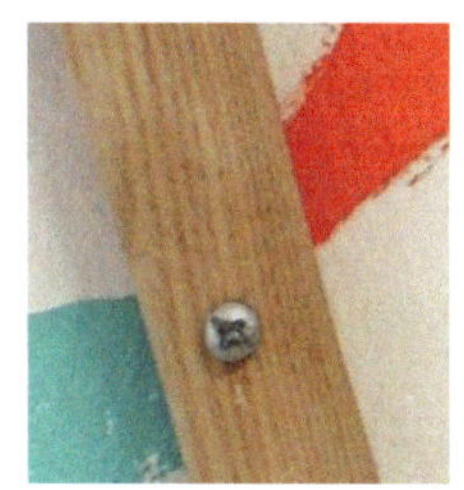

Dialog

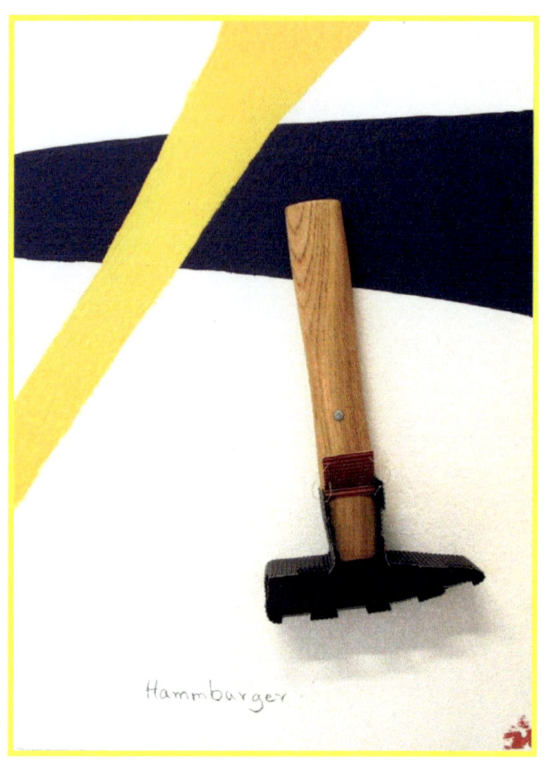

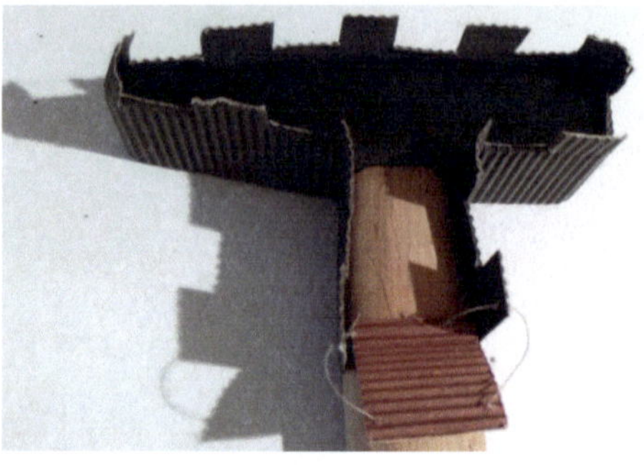

Schlösser und Burgen gäbe es ohne Hammer nicht.
Hier ist die Burg mit Zugbrücke der Hammer.

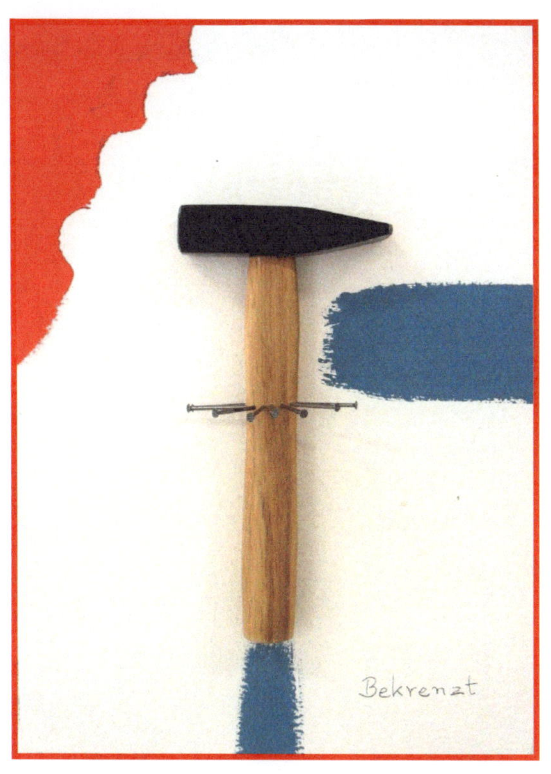
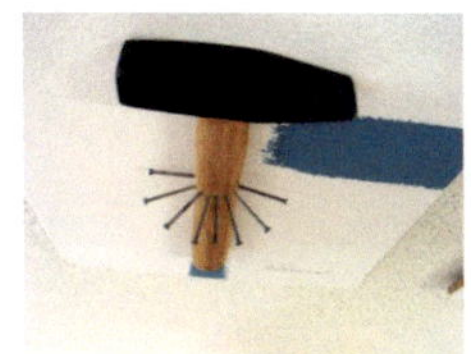
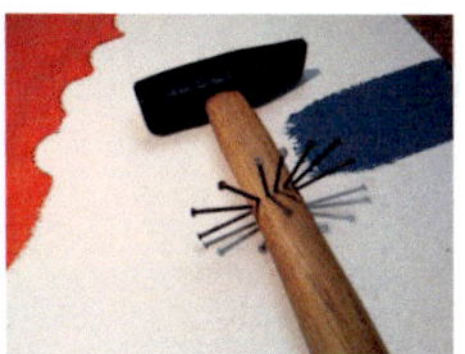
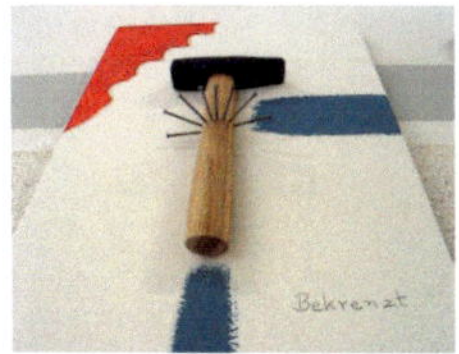

Grenzen - Kränze

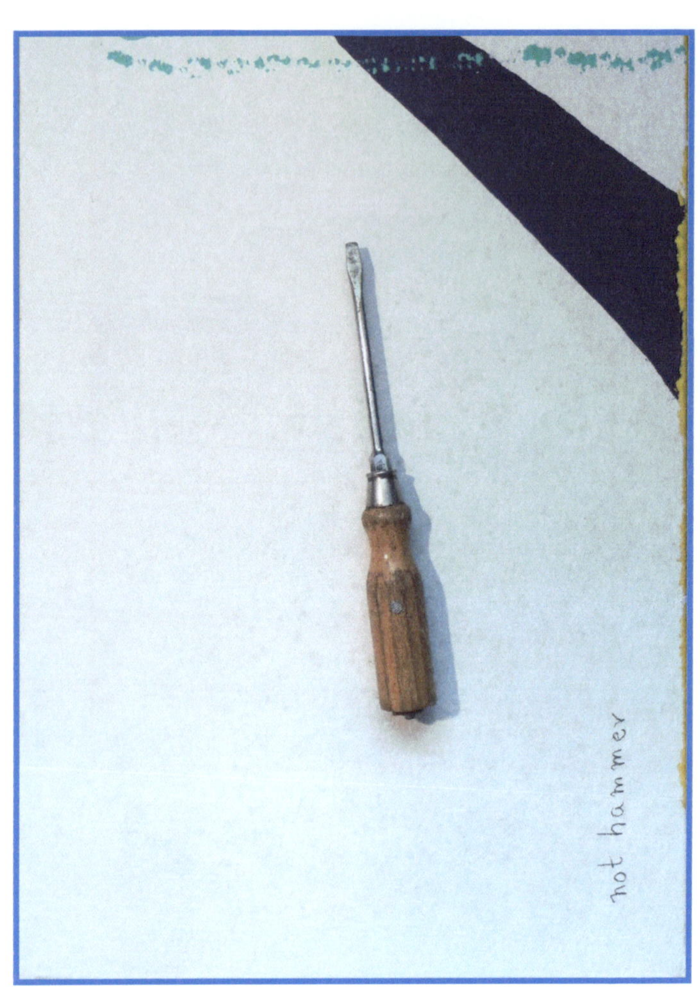

Ohne Kommentar

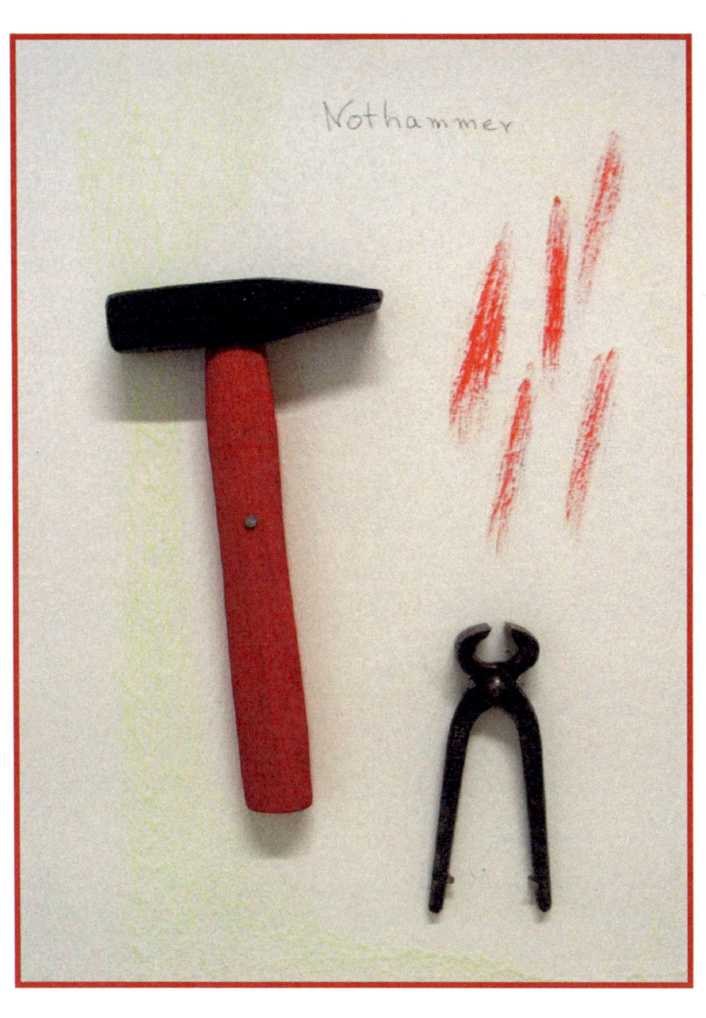

Mögliche Hilfe in der Hammernot!

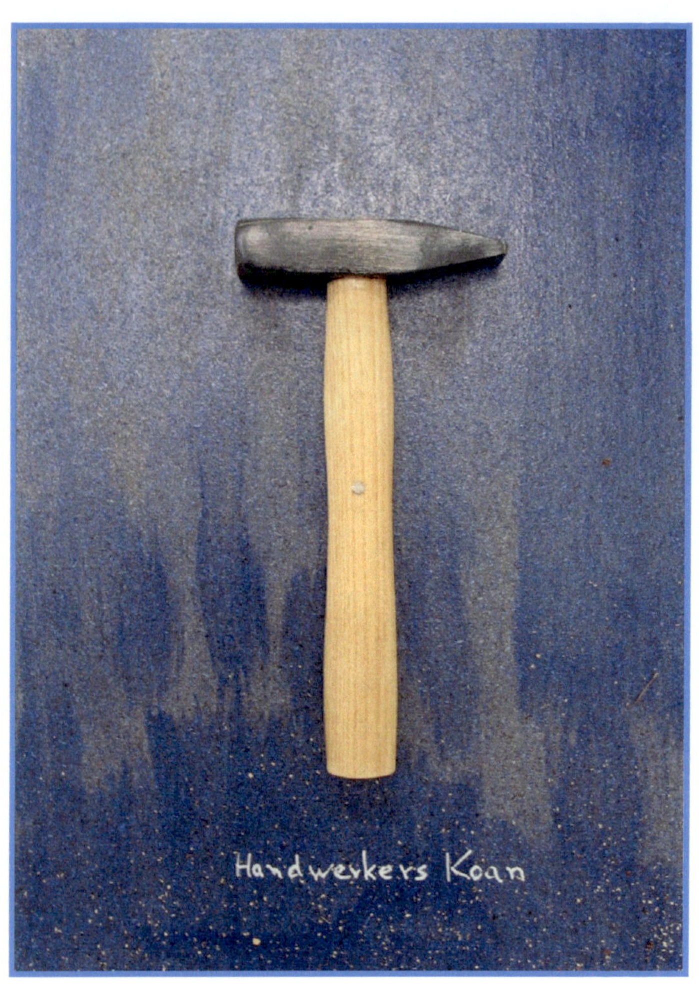

„Koan" bezeichnet im Zen-Buddhismus einen – oft
paradoxen – Ausspruch, der zum Meditieren anregt
und durch Überschreiten der Grenzen des Denkens
auf den Weg zur Erleuchtung führt.
„Höre das Hämmern des Nagels!"

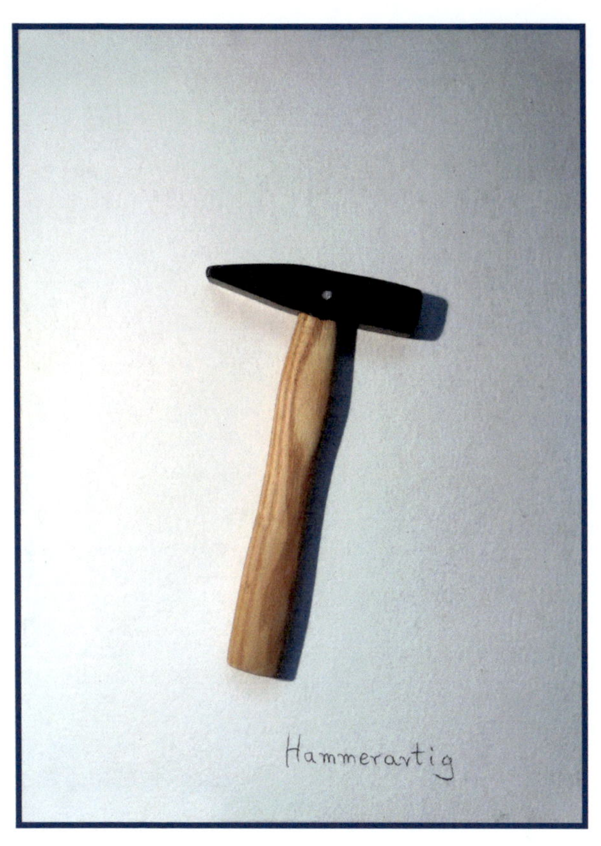

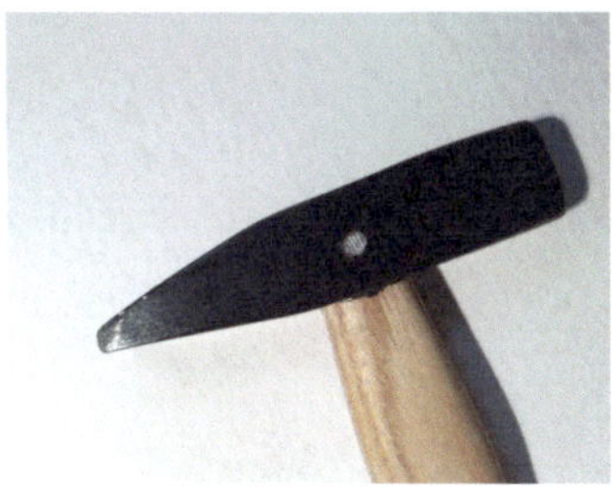

Nagel in Holz, klar...
Nagel in Eisen, artig? Hammerartig!

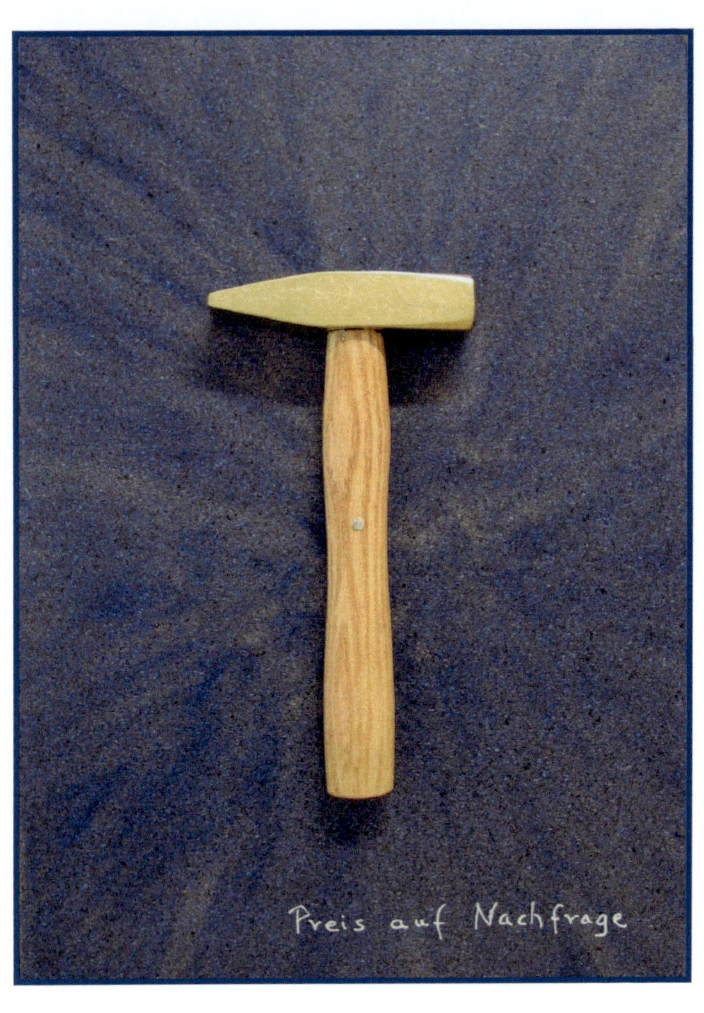

Gold wert

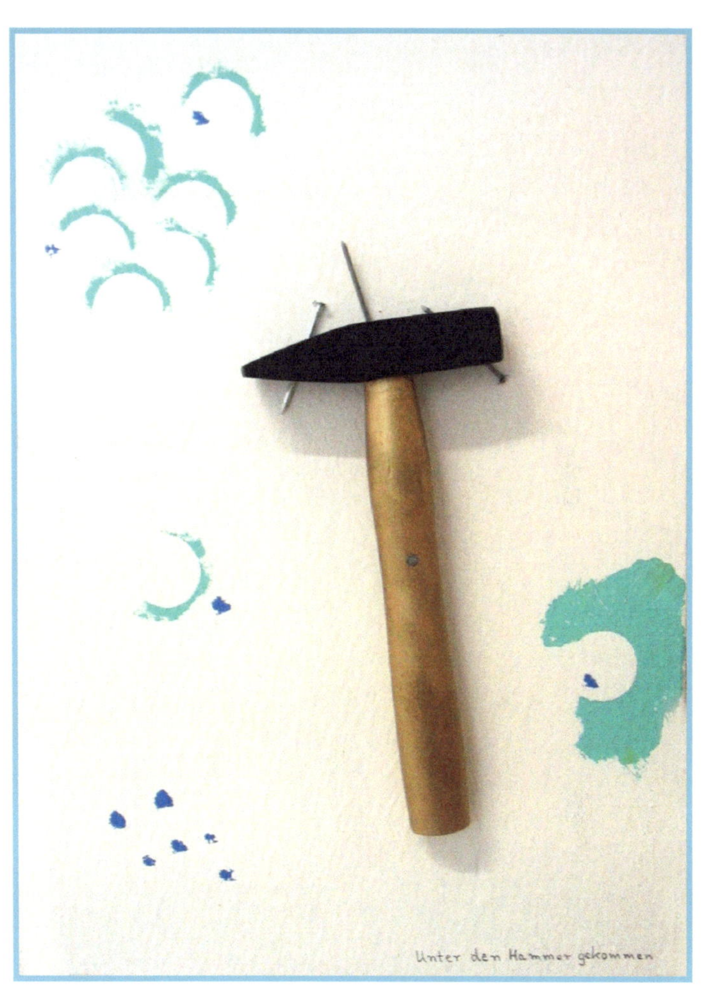

Soll vorkommen...

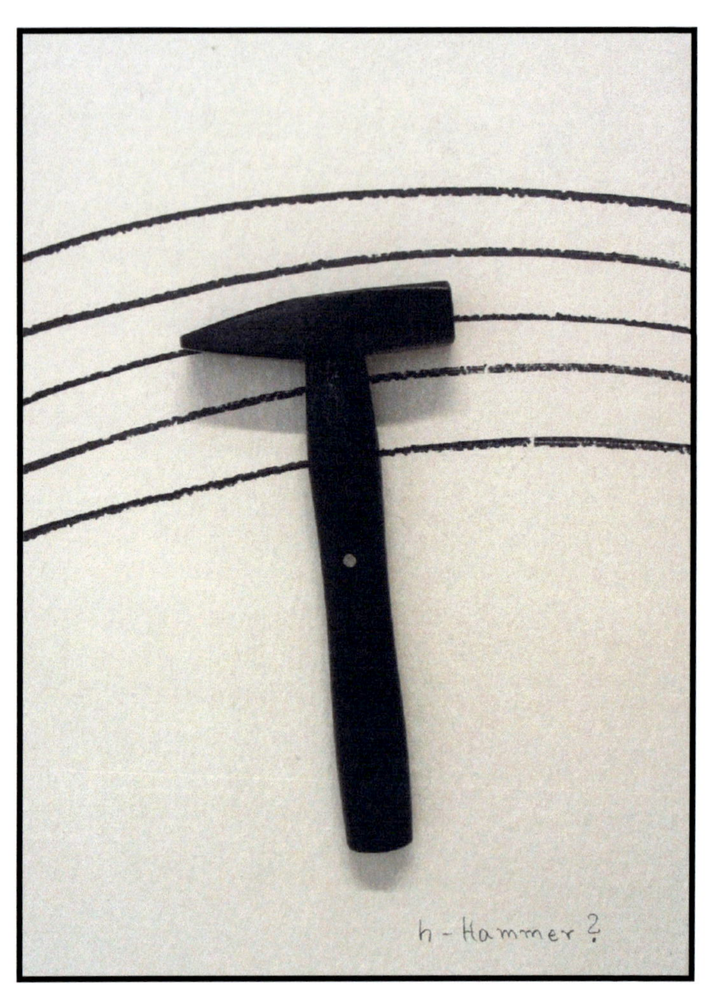

Dem Musiker
liegt diese „Note" auf der Hand.

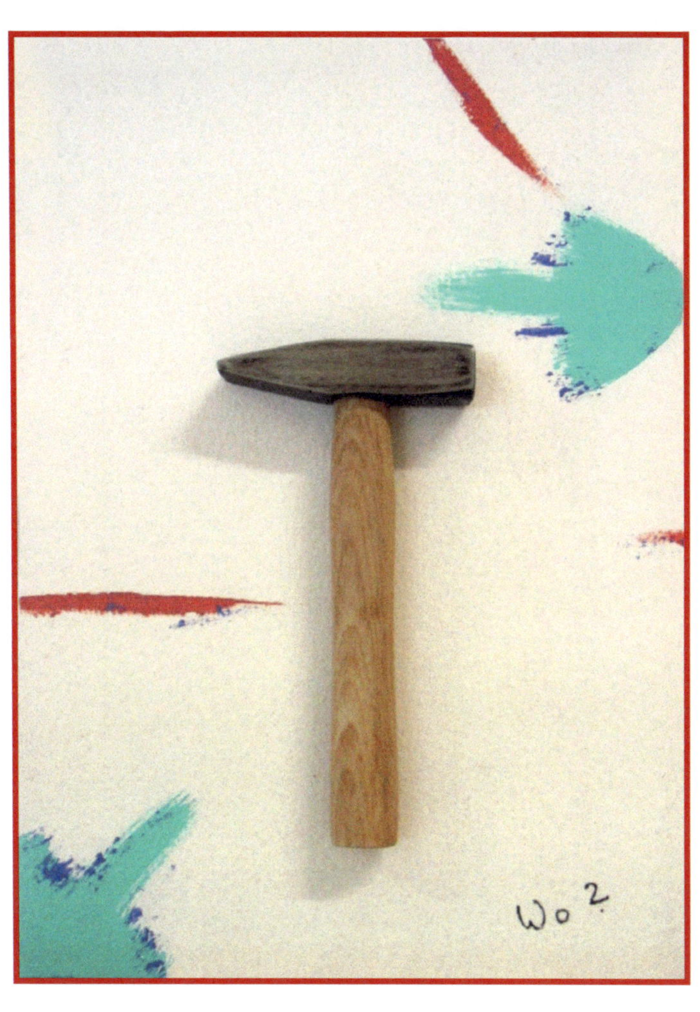

Was – Warum – Wie – „Wo"?
Ach so, tatsächlich, ja, wo ist denn der Nagel?

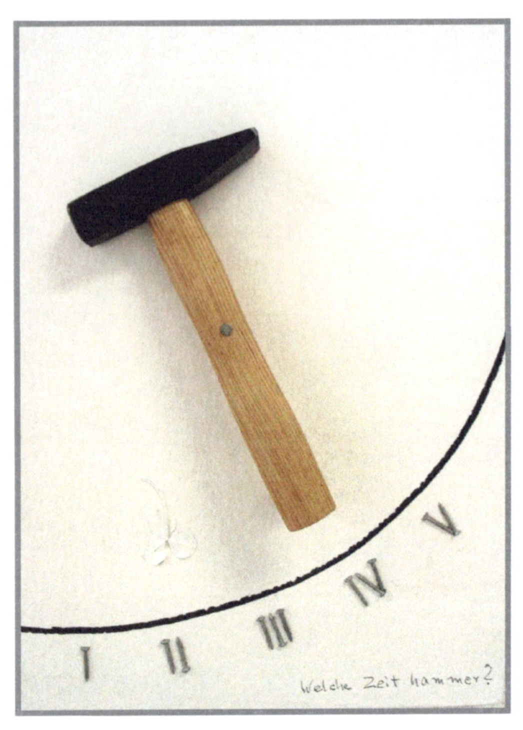

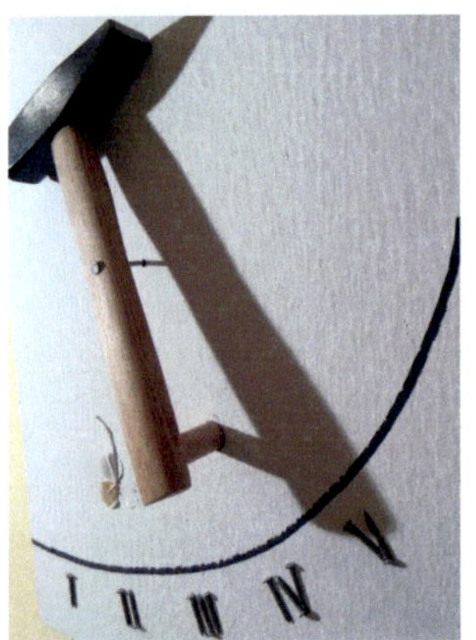

Wieviel Sonnenuhr haben wir??

Es ist an der Zeit,

den Hammer fallen zu lassen, wenngleich noch so manches zu sagen und zeigen möglich wäre.

Die Option, zwischen Hammer und Amboss zu geraten, wäre damit allerdings noch vielfältiger gegeben.

Wer hat den Hammer eigentlich „erfunden"?
Der Schimpanse, der lange vor den Menschen mit Schlag-Werkzeug umzugehen wusste?
Der Hammerhai, der seinen Hammer immer vor seiner Nase hat, der Specht, dessen Hämmern unaufhörlich zu hören ist oder der Wikinger-Gott Thor, der als erster Hammerwerfer in die Geschichte einging und womöglich eine Hammer-Kammer hatte? 😉

Bei Interesse findet man eine sehr umfangreiche und interessante Fülle an Informationen z.B. auf der Seite „https://www.dwds.de/wb/Hammer" und anderen…

Der folgende Vorschlag für einen Winterhammer war allerdings noch nirgends erwähnt.

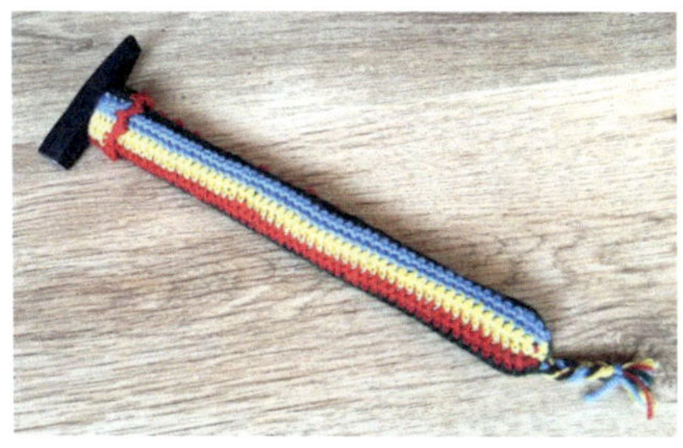

Zum Abschied

sei in diesem Zusammenhang noch ein bekanntes und einfühlsames „Hammer-Lied" abgedruckt, welches dem Hammer im Verbund mit einer Glocke und einem Lied eine besondere Rolle (Gerechtigkeit) zuweist.

If I Had a Hammer von Pete Seeger

If I had a hammer
I'd hammer in the morning
I'd hammer in the evening
All over this land
I'd hammer out danger
I'd hammer out a warning
I'd hammer out love
between my brothers and my sisters. All over this land.

If I had a bell, I'd ring…
…
If I had a song, I'd sing…
…
Well, I've got a hammer
And I've got a bell
And I've got a song to sing
All over this land
It's the hammer of justice
It's the bell of freedom
It's the song about love
between my brothers and my sisters. All over this land
It's a hammer of justice
It's a bell of freedom
It's a song about love
between my brothers and my sisters. All over this land.

Dank

Danke Ihnen, liebe Leserin und lieber Leser, dass Sie
diesem Buch Ihre Aufmerksamkeit bis hierher,
zu dieser letzten Seite, geschenkt haben.

Ich wünsche Ihnen, dass Sie ebenso viel Vergnügen,
Erheiterung, aber auch Nachdenkliches und
Besinnliches erleben durften, wie ich dieses erfahren
habe, bei der Herstellung der Objekte und dem
aktuellen Auswählen und Zusammenführen des
Materials für dieses Buch.

Danke an Familie, Ehefrau, Freunde, Interessierte,
gute Bekannte und Unbekannte, die damals bei der
Entstehung der Objekte (Mai 2002) und heute bei der
Veröffentlichung dieses Buches (Mai 2022) direkt oder
indirekt an dem Projekt beteiligt waren.

Offene Ohren und Augen, Verständnis, Anregungen,
Kritik, Ausstellungsbesuche und Objekterwerbe waren
mir eine große Hilfe und Motivation.

Danke,
Michael Wolfgang Salb im Mai 2022

Biographisches zum Autor

Juli 1954 geboren in Nürnberg
glückliche Kindheit

Musikstudium, Yogalehrerausbildung
freiberuflich Musiklehrer, Yogalehrer

Initiator einer kleinen, vielseitigen Kultureinrichtung
„Die Kapelle", Schwaig bei Nürnberg

Konzerte, Lesungen, Ausstellungen, Seminare

Dozent an der Hochschule für Musik in Nürnberg
Elementare Musik- und Bewegungserziehung
Verfasser musikpädagogischer Artikel,
Instrumentalschulen...

langjähriger Auslandsaufenthalt
Mittelamerika, Schreiner

wieder in Deutschland
Ausbildung Klangtherapeut

künstlerisches Schaffen,
Gedichte, Zeichnungen, Objekte,
Kompositionen, „dimilo"-Teelichthalter

diverse Planungen für weitere Lebensjahre
auf diesem wunderbaren Planeten Erde.

....

Info / Kontakt:
www.salb.info / freiheit@lichterleuchtet.org

Liste der Hammer-art-Exponate

*Wer nach der hammerartigen Lektüre
von „Der Hammer mit Humor"
sich ein wenig behämmert fühlt oder gar einen Hau weg hat
und sich nun nach Ruhe, Besinnung und Neuorientierung
sehnt, dem sei das zwanzig Jahre nach den
Hammerobjekten entstandene, besinnliche Werk
„Segen leben, Leben segnen"
zum Erholen empfohlen.*

*24 Meditationen in Wort und Bild von M.W. Salb.
Erschienen im Verlag BoD, erhältlich im Buchhandel,
beim Verlag oder direkt beim Autor.*

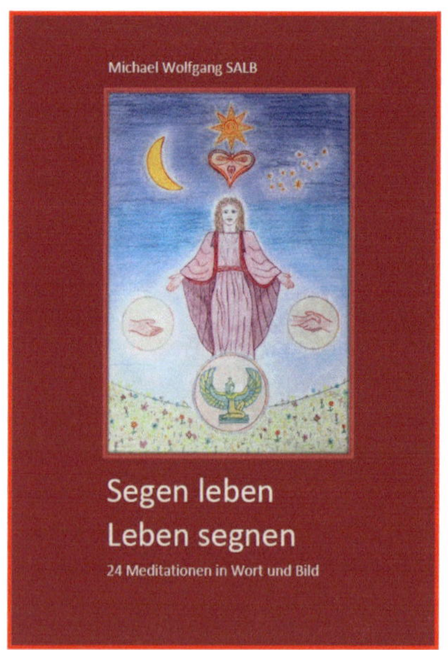

ISBN: 9783754359617